W0241139

Workshop Kochen

Garmethoden einfach besonders | besonders einfach

Kay-Henner Menge

Workshop Kochen

Garmethoden einfach besonders | besonders einfach

Fotos: foodartfactory OHG,
Klaus-Maria Einwanger,
Michael Pannewitz

EINFACH KOCHEN KÖNNEN

Am Anfang war das Feuer. Seine »Zähmung« durch die Steinzeitmenschen und ihre Idee, ein Stück Fleisch einige Zeit darüber zu halten, markieren den Beginn all dessen, was wir auch heute noch in der Küche tun: Lebensmittel durch Erhitzen und Garen leichter verdaulich zu machen, vor allem aber geschmacklich ganz entscheidend zu veredeln. Allerdings: Wir tun dies inzwischen auf wesentlich differenziertere Art und Weise, weil sich im Lauf der Zeit aus der Urform des Kochens ganz unterschiedliche Gartechniken entwickelt haben.

»Die Kultur hängt von der Kochkunst ab.« (Oscar Wilde)

Kunst wiederum hat mit Können zu tun: Die ganze Klaviatur der Garmethoden souverän und in Variationen zu spielen, das macht heute gute Küche(nkultur) aus, und zwar rund um den Globus. Praktisches Können und theoretisches Wissen gehen dabei Hand in Hand: Besser kocht, wer den tieferen Sinn hinter einer Rezeptanweisung versteht. »Das Steak vor dem Braten trockentupfen? Ach, das funktioniert bestimmt auch ohne …« Tut es leider nicht: Denn was anschließend aus der Pfanne kommt, ist nicht braun und saftig, sondern grau und wässrig.

Warum welches Lebensmittel wie gegart, ein Steak also vor dem Pfannengang trockengetupft wird, kurz: Welche physikalischen Prozesse und chemischen Reaktionen beim Kochen ablaufen, das hat mich schon immer brennend interessiert. Nicht allein als Diplom-Oecotrophologe, sondern weil ich leidenschaftlich gerne am Herd stehe und dabei festgestellt habe: Nicht nur Übung macht den Meister, sondern auch die entscheidende Portion Know-how. Und diese möchte ich Ihnen zu Beginn des Buches in kleinen, feinen Häppchen servieren – ganz ohne staubtrockene Theorie. Verstehen, kennen lernen und ausprobieren heißt die Devise, damit Sie das neue Wissen nicht nur im Kopf, sondern auch gleich auf dem Teller haben – etwa in Form eines auf den Punkt gebratenen Steaks.

Ein herzliches Dankeschön geht an meinen Freund Marky, der viele Anregungen zu den Rezepten für dieses Buch gegeben und unermüdlich Gerichte probiert hat – und immer ein wohltemperiertes Getränk parat hatte.

Workshop: kleiner Kurs über das Garen – welche Methoden es gibt, wie sie funktionieren, was man damit machen kann.

Rezepte: mal klassisch, mal trendy, in der Summe einfach besonders und quer durchs Repertoire der Gartechniken.

Nachschlag: Kochglossar, Menü- und Weintipps.

Welches Lebensmittel **gart gerne wie?** Und was genau passiert eigentlich beim Schmoren? **Wie geht nochmal** Pochieren? Antworten auf diese Fragen – und auf viele mehr – bekommen Sie auf den folgenden Seiten. **Genießen Sie** außerdem die kulinarische Umsetzung der gesammelten Gartheorie: mit jeder Menge Rezepten, bei denen **alle Register der Garkunst** gezogen werden.

VIER KAPITEL, VIER GARFAMILIEN

Im Workshopteil stelle ich Ihnen eng verwandte Gartechniken jeweils zusammen vor. Die, bei denen viel Wasser im Spiel ist, im ersten Kapitel. Mit weit weniger Wasser, dafür mit umso mehr Dampf wird im zweiten Kapitel gegart. Im darauf folgenden wird's trocken – gartechnisch gesehen –, und im letzten Kapitel finden sich die Garmethoden, bei denen man etwas mehr Zeit fürs Zubereiten mitbringen muss. Lesen Sie zu jeder Gar-Art über die physikalisch-chemischen Hintergründe, erfahren Sie, wie man gart und was man auf diese Weise gart. Lassen Sie sich mit Minirezepten einführen ins jeweilige Garthema. Und lernen Sie dessen kulinarische Bandbreite mit vier Mal variierten einfachen Kurzrezepten kennen.

EINFACH LOSLEGEN MIT EINFACHEN MITTELN

Sie besitzen einige Kochtöpfe verschiedener Größe mit passendem Deckel, einen Bräter, ein verschließbares ofenfestes Gargefäß und eine Bratpfanne? Fehlt noch ein faltbarer Dämpfeinsatz, und die Basis-Ausstattung an Gargeschirr ist parat. Zugegebenermaßen, da gibt es noch den einen oder anderen Küchenhelfer. Wenn auch nicht unverzichtbar im Leben des Hobbykochs, ist er vielleicht doch arbeits- und zeitsparend. Nützliches dieser Art, vom Pfannenwender bis zum Küchengarn, stelle ich Ihnen bei der zugehörigen Gartechnik vor. Um auf den Garvarianten-Geschmack zu kommen, reicht aber Ihre bisherige Küchenausstattung bestimmt.

GESCHMACKSERLEBNISSE & GARVARIANTEN

Schon mal einen Braten aus gepökeltem Fleisch zubereitet? Einen Salat mit gebackenem Ziegenkäse veredelt? Gegrillte Süßkartoffeln gekostet oder eine Tajine serviert? Im großen Rezeptteil dieses Buchs können Sie sich so richtig austoben: Hier gibt's jede Menge spannender Gerichte, viele davon mit Varianten bestückt. Einfach besonders: Diese zeigen Ihnen die ganze Bandbreite auf, ein und dasselbe Lebensmittel gar-variiert immer wieder neu und ganz anders zu genießen.

AUS EINS MACH FÜNF!

Auch in der Küche führt meist mehr als nur ein einziger Weg zum Ziel. Denn für viele Lebensmittel, für so manche Speise gibt es tatsächlich mehrere verschiedene Arten, sie zu garen. Ich werde Ihnen in jedem Rezeptkapitel Beispiele solcher Tausendsassas in Topf und Pfanne, auf dem Rost, im Sieb oder in Päckchen geben. Versuchen Sie doch einmal, sich bei einem fünf Mal anders gegarten Lachsfilet für eine Variante zu entscheiden!

EINFACH BESONDERS – BESONDERS EINFACH

Jedes Kapitel beginnt mit einfachen, auch für Kochanfänger geeigneten Rezepten. Lediglich ein wenig Fingerfertigkeit ist bei manchen gefragt. Entscheiden Sie selbst, ob Sie mit dem besonders Einfachen anfangen oder gleich weiter zum einfach Besonderen blättern. Trauen Sie sich! Setzen Sie ihr gesammeltes Wissen aus dem Workshopteil einfach in die kulinarische Praxis um. Und gucken Sie dabei auch ruhig einmal im Glossar am Ende dieses Buches: Hier gibt's Kurzinfos zu den verschiedensten Koch- und Küchenbegriffen, so dass Sie in allen Situationen souverän in der Küche wirbeln können.

WORKSHOP KOCHEN

KOCHEN, BLANCHIEREN, POCHIEREN

Sie kochen auch nur mit Wasser? Bestens – da stehen Ihnen schon drei interessante Gartechniken zur Auswahl: Kochen, Blanchieren und Pochieren.

Richtig heiß her geht's im Kochtopf: 100 °C muss das Wasser haben, damit sich die zum Garen benötigte Wärme auf große Fleischstücke, festes und faserreiches Gemüse, Kartoffeln oder Nudeln übertragen kann. Umgekehrt geben genannte Kochkandidaten viele ihrer wertvollen Inhaltsstoffe an die Garflüssigkeit ab – darum ist sie am Ende geschmackvolle Basis von Brühen, Saucen und Suppen. Und Sie haben im Grunde gleich für zwei Mal gekocht!

Sprudelnd kochendes Nass ist auch Voraussetzung fürs Blanchieren, eine Art Blitz-Kochen. Vor allem zarte Gemüse wollen hier mal kurz eintauchen. Die Betonung liegt auf kurz – sonst ist es vorbei mit Form, Farbe und Struktur von Zuckerschoten, Brokkoli und Kohlsorten. Darum folgt dem Kurzbad im kochenden Wasser eines im eiskalten: Es setzt dem gerade begonnenen Garprozess ein jähes Ende - für Gemüse mit Biss und satter Farbe.

Dritte im Bunde der wasserreichen Garmethoden: das Pochieren. Fleisch und Fisch ziehen in leise simmernder Flüssigkeit ganz sanft gar. 100 °C im Topf sind hier also tabu! Da würde das Gargut faserig-zäh oder strohtrocken. Dagegen bei unter 95 °C: schön saftiger Tafelspitz, zartester Schellfisch …

Wollen gekocht werden: **Stärke** und Fasern

aus **Eiweiß** brauchen viel **Wasser und Zeit,** um quellen zu können. Aromastoffe werden dem **Gemüse** auf dieselbe Weise entlockt.

PASTA

Nudeln sind das wohl beliebteste Beispiel von typischen Lebensmitteln für die Gartechnik Kochen! Pro 100 g 1 l Wasser aufkochen, erst dann salzen (gesalzenes Wasser würde länger brauchen, weil es eine höhere Dichte hat). Hinein mit der Pasta, nach Packungsanweisung bissfest kochen.

KARTOFFELN

Für Salz- und Pellkartoffeln nehmen Sie fest kochende Sorten (z. B. Nicola, Linda). Vorwiegend fest kochende (z. B. Desirée) machen sich gut in Eintöpfen. Aus mehligen Sorten (z. B. Aula) bereiten Sie Pürees und Suppen zu. Kartoffeln immer kalt aufsetzen, die Stärke braucht Zeit zum Quellen!

RINDER-BEINFLEISCH

Für eine klassische goldgelbe Fleischbrühe verwenden Sie am besten Stücke vom Rinder-Beinfleisch. Denn dieses wird wegen seines großen Anteils an Bindegewebe, das beim Kochen stark aufquillt, besonders saftig. Es wird mit Suppengrün und Gewürzen in kaltem Wasser aufgesetzt.

SUPPENGRÜN

Das übliche Bund Suppengrün (ca. 500 g) besteht aus Lauch, Möhren, Knollensellerie und meist Petersilienwurzel. Verwenden Sie es als Basis einer Brühe, muss das Gemüse nur gewaschen und dann zerkleinert werden. So gehen die Inhalts- und Aromastoffe am besten ins Wasser über.

Nur kurz in kochendem Wasser blanchiert

wird so manches Gemüse vorbereitet. Etwas länger und im nur leise siedenden Wasser – also pochiert – mag's alles Empfindliche.

TOMATEN

Für viele Rezepte braucht's gehäutete Tomaten. Klarer Fall fürs Blanchieren! Feste Früchte wählen, die Haut auf der runden Seite kreuzweise einschneiden. Tomaten kurz in kochendes Wasser geben, in kaltem Wasser abschrecken. Nun lässt sich die Haut ganz einfach mit einem Messer abziehen.

GRÜNKOHL

Blattgemüse wie Grünkohl wird durch Blanchieren für die Weiterverwendung vorbereitet und gleichzeitig bekömmlicher. Kohl waschen, die Blätter von den dicken Rippen streifen, 3–5 Min. in kochendes Salzwasser geben. Abschrecken, abtropfen lassen, in einem Tuch gut ausdrücken und hacken.

HÄHNCHENBRUSTFILET

Zartes Hähnchenfleisch ohne Haut möchte gerne sanft gegart werden. Pochieren ist dazu ideal – sei es für einen Geflügel-Fleischgang oder für kaltes Geflügelfleisch für Salate oder Sandwiches. Tipp: Die Pochierflüssigkeit nicht weggießen, sondern als kleine Suppe vorweg servieren.

KLÖSSE UND KNÖDEL

Sanft garen oder gar ziehen lässt man Kartoffelklöße oder Semmelknödel. Ihre zarte Konsistenz verträgt sich nicht mit sprudelnd kochendem Wasser, darin würden sie zerfallen. Zunächst muss das Wasser jedoch einmal aufkochen, um die nötige Temperatur von knapp 100 °C zu erreichen.

Kochen, Blanchieren und Pochieren zählen zu den so genannten **feuchten** Garverfahren. Denn bei allen dreien wird **Wasser als Überträger von Wärme** genutzt. Doch auch wenn die Temperatur nicht bei allen dieselbe ist, heißer als **100 °C** kann's hier nie werden: Darüber beginnt Wasser zu **verdampfen** – und wir sind bei einer **anderen Gartechnik** …

Nur ein kurzes Bad in kochendem Wasser, und Tomatenhaut lässt sich ***ganz leicht abziehen.*** *Die Tomaten aber unbedingt* **kalt abschrecken,** *sonst dringt die Hitze ins Innere, und das Fruchtfleisch wird matschig.*

Das passiert beim Kochen

Als Kochen bezeichnet man das Garen am Siedepunkt (100 °C) in viel Flüssigkeit. Ist der Siedepunkt erreicht, beginnt das Wasser zu verdampfen. Vom Topfboden, wo die Hitze am größten ist, steigen Dampfbläschen auf: Eine Brühe beginnt zu schäumen. Die aufgestiegenen Wasserteilchen kühlen ab und sinken nach unten, ein Kreislauf entsteht, den man Umwälzung oder Konvektion nennt.

Auch das im Lebensmittel enthaltene Wasser beginnt zu kochen, und die Zellgewebe werden gelockert. So können Nährstoffe, Vitamine und Mineralstoffe aus dem Lebensmittel in die Kochflüssigkeit übergehen, Aromastoffe werden gebildet. Erwünscht ist dieser Vorgang etwa bei einer selbst gekochten Brühe oder einem Saucenfond. Beispiel Fleisch: Durch die Wärmeeinwirkung von außen wird der Fleischsaft in den Fleischstücken zunächst ins Innere der Stücke gedrängt. Nach und nach steigt dann der Druck ganz im Inneren der Stücke so stark an, dass ein Teil des Fleischsaftes nach außen in die Brühe abgegeben wird. Darüber hinaus verflüssigt sich durch die Hitze im Fleisch enthaltenes Fett und geht zum Teil in die Kochflüssigkeit über. Das gibt der Garflüssigkeit Gehalt und Aroma.

Beim Kochen von stärkehaltigen Lebensmitteln wie Pasta, Reis und Kartoffeln nimmt die Stärke Wasser auf und quillt. Dies gibt dem Lebensmittel schließlich seine weichteigartige Konsistenz. Auch bindegewebsreiches Fleisch wird gekocht. Das zähe Bindegewebe (das Eiweiß Kollagen) nimmt ab Temperaturen von 80 °C Wasser auf, quillt und wird zu Gelatine. Das Fleisch wird dadurch weicher.

Das passiert beim Blanchieren

Das Blanchieren oder Überbrühen ist streng genommen keine Gartechnik, sondern eine Methode der Lebensmittelvorbereitung. Beim Blanchieren werden Lebensmittel in kochendem (Salz-)Wasser kurzfristig erhitzt, anschließend eiskalt abgeschreckt. Das beschränkt den Garvorgang auf die äußeren Schichten. Manche Lebensmittel blanchiert man, um sie zu reinigen (z. B. tötet man bei Fleisch dadurch eventuell vorhandene unerwünschte Bakterien ab), andere, um unangenehme Aromastoffe zu entfernen (z. B. Wirsingkohl). Manche Früchte werden blanchiert, damit man sie häuten kann, z. B. Pfirsiche und Tomaten. Und wie beim Kochen wird auch bereits durch Blanchieren das Zellgewebe von Lebensmitteln gelockert und aufgeweicht. Das ist z. B. bei Kohlrouladen wichtig, denn so lassen sich die einzelnen Blätter später besser aufrollen und der Kohl wird leichter verdaulich.

Gut zu wissen: Blanchieren ist ein wichtiger Vorbereitungsschritt zum Einfrieren von Gemüse. Durch den kurzzeitigen Kontakt mit sprudelnd kochendem Wasser werden farbzersetzende Enzyme zerstört. So bleibt z. B. bei grünen Gemüsesorten die Farbe erhalten. Außerdem werden auf der Oberfläche sitzende Keime abgetötet.

Das passiert beim Pochieren

Eine weitere Gartechnik, bei der es einer großen Menge Flüssigkeit bedarf, ist das Pochieren oder Garziehen. Hier kocht die Flüssigkeit nicht sprudelnd, sondern wird auf einer Temperatur knapp unter dem Siedepunkt (80–95 °C) gehalten – erkennbar daran, dass das Wasser gerade nicht wallt, sondern nur kleine Bläschen vom Topfboden aufsteigen. Pochiert werden empfindliche Lebensmittel mit zarter Struktur, die in stark wallendem Wasser zerfallen würden, etwa Fisch(-filet) und Geflügel. Man kann diese direkt in der Flüssigkeit pochieren (z. B. Eier, Klöße) oder in Gefäßen, die im Pochierwasser stehen – auf diese Weise bereitet man etwa Eierstich und Flans zu.

Gut zu wissen: Garen in Wasser bei Temperaturen über dem Siedepunkt geht nur im Schnellkochtopf (Dampfdrucktopf) und wird als Dampfdruckgaren bezeichnet (siehe Kapitel Dämpfen, Seite 33).

Bindegewebsreiches Fleisch ist ideal zum Kochen, denn es quillt in der **Flüssigkeit stark auf** und wird wunderbar weich.

Geschält und in mittelgroße **Stücke geschnitten** gibt Suppengemüse sein Aroma am besten an eine Brühe ab.

So geht Kochen

Kochen ist gar nicht so einfach: Das Geheimnis besteht darin, die Kochzeit so einzurichten, dass sich das Innere des Lebensmittels nur auf eine Idealtemperatur erhitzt, die unter 100 °C liegt. Fleisch, Fisch und Gemüse, die zu lange kochen, werden innen zu heiß, laugen aus. Sie sind dann trocken, haben eine faserige Struktur und schmecken nicht. Durch starke Bewegung beim sprudelnden Kochen kann außerdem das Gargut zerfallen.

Grundsätzlich wird bei starker Hitze zugedeckt angekocht, bis das Wasser sprudelt. Dann kann die Hitze reduziert werden, so dass das Wasser gerade leise wallt – die nun erreichte Temperatur um den Siedepunkt reicht zum Garen aus. Bei stärkerer Hitzezufuhr würden Wasser oder Brühe zu verdampfen beginnen, was einen unerwünschten Flüssigkeitsverlust bedeutet.

Da beim Kochvorgang viele gesunde und schmackhafte Stoffe aus dem Gargut in die Garflüssigkeit übergehen, sollte diese möglichst weiterverwendet werden. Ausnahme: die Kochflüssigkeit von Lebensmitteln, bei denen unerwünschte Stoffe ausgelaugt werden sollen, wie Geruchsstoffe von Kohl oder Bitterstoffe von Artischocken.

Beim Vorbereiten und Zerkleinern von Gemüse ist es besonders wichtig, dass die einzelnen Stücke annähernd gleich dick bzw. gleich groß sind. Denn nur so haben sie auch alle die gleiche Garzeit. Viele Gemüsearten werden (offen) gekocht, damit sie ihre Farbe behalten, z. B. Spinat oder Zuckerschoten. Zarte Blumenkohl- oder Brokkoliröschen brauchen das viele Wasser, damit sie beim Kochen unversehrt bleiben. Spargel oder Artischocken benötigen wegen ihrer Größe reichlich Wasser – nur so werden sie gleichmäßig gar. Knollensellerie und Rote Beten schadet das Wasser dann nicht, wenn sie ungeschält gegart werden. Denn in der Schale sind sie einerseits vor hohen Vitamin-

und Mineralstoffverlusten geschützt, und auch die Farbe der Roten Beten laugt nicht aus. Pellkartoffeln werden ebenfalls nährstoffschonend in der Schale gekocht.

Zum Kochen einer Fleischbrühe Knochen und Suppenfleisch mit Gewürzen (Salz, Lorbeerblätter und ganze Pfefferkörner) mit kaltem Wasser bedeckt offen langsam aufkochen. Das laugt die Aromastoffe besonders gut aus. Inzwischen 2–3 ungeschälte halbierte Zwiebeln in einer Pfanne ohne Fett auf der Schnittfläche kräftig dunkelbraun anrösten. Sobald das Wasser kocht, die Zwiebeln zugeben – die Röststoffe geben der Suppe nicht nur ein kräftiges Aroma, sondern auch eine tolle Farbe. Die Hitze nun reduzieren, Topfdeckel aufsetzen und alles nur noch sieden lassen. Nach 1 Std. 30 Min. gewürfeltes Suppengemüse zugeben und weitere 30 Min. zugedeckt sieden lassen. Suppenfleisch für die spätere Verwendung herausheben, Brühe weitere 60 Min. sieden lassen.

Gut zu wissen: Die Brühe klärt sich von selbst, wenn sie nach Erreichen des Siedepunktes nicht mehr sprudelnd kocht! Durch das Erhitzen des Wassers wird aus Knochen und Fleisch Eiweiß ausgeschwemmt und schäumt an der Oberfläche der Brühe. Diesen Schaum nicht abschöpfen, denn er sinkt mit der Zeit auf den Topfboden, bindet dabei Schwebeteilchen und klärt auf diese Weise die Brühe.

Anschließend die Brühe erst durch ein grobes Sieb und dann durch ein Tuch in einen sauberen Topf gießen. Nach dem Erkalten kann das erstarrte Fett, das sich an der Oberfläche abgesetzt hat, abgehoben werden.

Soll die Brühe richtig glasklar und goldgelb sein, können Sie nun nochmals mit Eiweiß klären: Verschlagenes Eiweiß in die kalte entfettete Brühe rühren und die Brühe langsam unter Rühren mit einem Kochlöffel erhitzen, bis das Eiweiß gerinnt, also ausflockt. Nun die Brühe bei kleinster Hitze 10 Min. ziehen lassen und nicht mehr rühren: Das Eiweiß bindet alle Trübstoffe und wird grau. Die Brühe langsam durch ein mit einem Mulltuch (z. B. Stoffwindel) ausgelegtes Sieb gießen und die klare Brühe abschmecken.

So geht Blanchieren

Blanchieren ist ein schneller Vorgang! Dazu in einem weiten Topf reichlich Wasser aufkochen, eventuell salzen und das vorbereitete Gemüse portionsweise zugeben: Das Wasser soll möglichst weiterkochen. Das Gemüse 3–5 Min. sprudelnd kochen lassen, herausheben und am besten in Eiswasser abschrecken. Anschließend gut abtropfen lassen und zum Servieren einfach in (Kräuter-)Butter schwenken. Zum Blanchieren eignen sich beispielsweise Spinat, grüne Bohnen, Rosenkohl, Erbsen oder rote Paprikaschoten (die anschließend gehäutet werden sollen). Gemüse, das blanchiert wurde, weil es tiefgekühlt werden soll, nach dem Abschrecken sehr gut abtropfen lassen, trockentupfen und portionsweise verpackt einfrieren.

So geht Pochieren

Besonders zarte Lebensmittel wie Fisch (im Ganzen oder als Filet) und Fleisch (im Ganzen oder als Medaillons) werden durch Pochieren in Wasser, Brühe, Wein oder Milch zu einem ganz besonderen Genuss: saftig und mit bestmöglich erhaltenem Eigengeschmack.

Für ein im Ganzen pochiertes Kalbsfilet das Fleisch mit Küchengarn so an einen Kochlöffelstiel binden und über den Topfrand legen, dass das Fleisch beim Pochieren vollständig in der Brühe hängt. So liegt keine Seite des Fleischstücks am Boden des Topfgeschirrs an, und es wird rundum gleichmäßig gegart.

Gut zu wissen: Fisch kann auch in Olivenöl pochiert werden! Dafür z. B. Plattfischfilet (ohne Haut) und so viel einfaches Olivenöl in einen Topf geben, dass der Fisch gerade bedeckt ist. Dann das Öl langsam auf 60 °C erhitzen (Fett-Thermometer, siehe Seite 48/49), dabei gelegentlich am Topf rütteln, damit sich Fisch und Öl gleichmäßig erhitzen. Das Fischfilet 15 Min. pochieren: Der Fisch bleibt herrlich saftig und fest und bekommt ein feines Aroma.

Keine Frage: Am Anfang **allen Kochens** stehen einfach ein **großer Topf** und ein stabiler Kochlöffel. Außerdem **hilfreich:** ein Nudelsieb, der Rührbesen

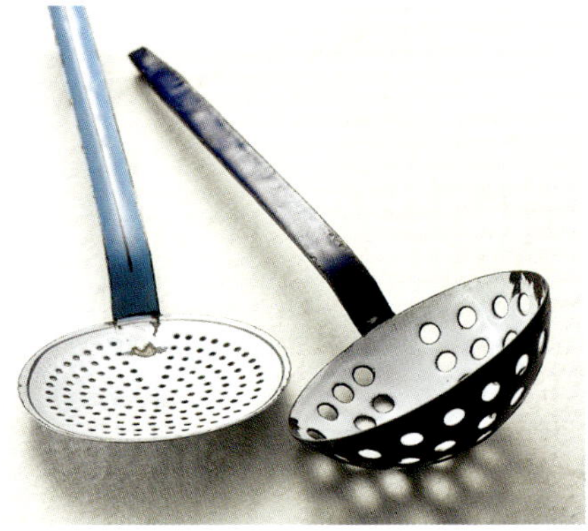

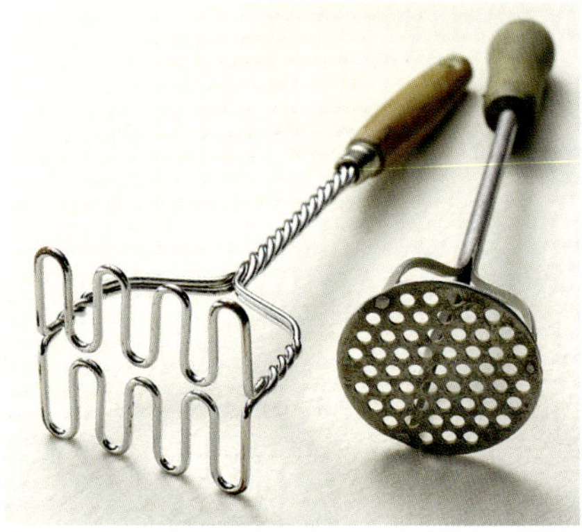

GROSSER KOCHTOPF MIT NUDELEINSATZ

Edelstahltöpfe mit Mehrschichtenboden (»Sandwichboden«) sind robust und haben eine lange Lebensdauer. Wichtig sind große Griffe, die nicht zu heiß werden und ein dicht schließender Deckel. Mit dem Nudeleinsatz lässt sich fertige Pasta bequem aus dem Topf heben.

DURCHSCHLAG/STANDSEIHER

Dieser Küchenhelfer kommt beim Abgießen von gekochter Pasta oder großen Gemüsemengen zum Einsatz. Kaufen Sie am besten einen Seiher mit weitem Durchmesser. Er sollte stabile Füße oder einen Standring haben, so können Sie den Topf beim Abgießen mit beiden Händen festhalten und in den Seiher entleeren.

KÜCHENGARN

Dieser farbechte Bindfaden sollte in jeder Küche immer zur Hand sein: Hiermit binden Sie z. B. Kräutersträußchen für Brühen und fischen sie dann im Ganzen wieder heraus. Sie können Gewürzsäckchen verschnüren, ganzes Geflügel in Form bringen oder Spargel so bündeln, dass Sie ihn ohne Mühe aus dem Wasser heben können.

KARTOFFELSTAMPFER

Das Küchenwerkzeug gibt es in verschiedenen Formen: zum einen mit ebener Stampffläche, zum anderen als Stampfer mit schlangenförmig gebogener Spirale. Mit beiden Geräten lassen sich Kartoffeln oder Gemüse direkt im Topf zu grobem Stampf oder feinem Mus verarbeiten. Mischt man das Mus mit heißer Milch und Butter, erhält man ein glattes, sämiges Püree.

LANGER FISCHTOPF

Große, lange Rundfische (z. B. Lachs), die im Sud garen sollen, brauchen einen speziellen Topf, in dem sie auf einem Locheinsatz mit Griffen liegen, womit sie nach dem Garen herausgehoben werden können. Ein solcher Topf kann auch zum Pochieren von Serviettenknödeln oder zum Dämpfen benutzt werden.

und der Kartoffelstampfer. – Damit die Zahl der Koch-Utensilien jedoch nicht ins Unendliche geht, hier eine überschaubare Auswahl.

FLOTTE LOTTE/PASSIERGERÄT

Den Küchenhelfer verwenden Sie zum Zermusen und Passieren von gekochtem oder gedämpftem Gemüse (z. B. Kartoffeln, Kürbis, Möhren, Sellerie) oder Obst. Mittels einer Handkurbel auf einem S-förmigen Metallstück wird das Gargut durch die Löcher der Einsätze gedrückt. Das Gerät hat meist drei auswechselbare Lochscheiben, mit denen unterschiedliche Feinheitsgrade des Muses erzielt werden.

KOCHLÖFFEL

Sie sind aus Holz, Kunststoff oder Metall. Löffel mit gerader Seite und Spitze reichen bei Töpfen mit glattem Boden bis in die Ecken. Universallöffel mit Loch in der Laffe eignen sich auch zum Teigrühren. Drahtlöffel gleiten über Angesetztes, ohne es abzukratzen. Die innere Drahtschlaufe ist stabil, z. B. zum Wenden.

SCHAUMLÖFFEL

Edelstahlschaumlöffel sollten einen langen Stiel und eine große Löffelmulde haben. Zum Herausheben von Gnocchi oder größeren Klößen eignen sich gut tiefe Schaumlöffel. Halbtiefe Löffel sind eher geeignet, um Blanchiergut aus dem Wasser zu heben. Mit flachen Löffeln kann man auch kleine Teile vom Topfboden abheben.

KARTOFFELPRESSE

Ganz schön vielseitig ist er, dieser Küchenhelfer mit auswechselbaren Einsätzen. Hiermit können Sie gekochte Salzkartoffeln direkt auf die Teller (Schneekartoffeln) oder in die Schüssel drücken, wo Sie das Mus zu Püree weiterverarbeiten. Auch Spätzleteig kann durch diese Presse direkt ins Kochwasser gedrückt werden.

RÜHRBESEN

Mit den biegsamen Drähten wird reichlich Luft unter Speisen, Saucen, Sahne oder Eiweiß geschlagen. Auch Klümpchen werden glatt gerührt und durch Zerkleinern von Fetttröpfchen sämige Emulsionen hergestellt. Die Ballonform der Besen maximiert die Fläche, die mit der Speise in Kontakt kommt. Mit Kunststoffüberzug zum Arbeiten in beschichteten Pfannen.

Auf sanfte Art pochiert, verfeinern Sie mit Eierstich, **Klößchen & Co.** unter anderem klare Suppen. Und damit diese Einlagen die goldgelbe Brühe nicht trüben, **ziehen sie separat** in siedendem Salzwasser gar. So können sie auch **auf Vorrat zubereitet** und anschließend in einer Suppe wieder erwärmt werden.

Eiermild, kräuterfrisch und zum Mit-der-Zunge-Zerdrücken: Eierstich – unter den Suppeneinlagen der Klassiker.

Eierstich

Wiederentdeckt: Omas Suppeneinlage peppt klare Gemüsesuppen auf.

2 Eier
6 EL Milch
Salz
geriebene Muskatnuss
1/2 Bund Kerbel (oder Petersilie)
Fett für die Form

Eier und Milch verquirlen, mit Salz und Muskatnuss würzen. Kurz stehen lassen. Kerbel waschen, trockenschütteln, Kerbelblättchen fein hacken und unterrühren. Masse in ein flaches gefettetes Förmchen (250 ml Inhalt) geben. Förmchen mit Alufolie verschließen und in einen Topf mit kochend heißem Wasser stellen. Eiermasse bei kleiner Hitze zugedeckt 30 Min. pochieren, bis sie fest ist. Eierstich stürzen und würfeln.

Mettbällchen

Besonders beliebt bei Kindern: Die kleinen Bällchen schmecken auch gebraten in einer Buchstabennudelsuppe.

200 g gewürztes Mett
1 TL abgeriebene Schale von einer Bio-Zitrone
1 Ei
40 g Semmelbrösel
Salz

Mett mit Zitronenschale, Ei und Semmelbröseln verkneten. Mit nassen Händen runde Klößchen formen und in siedendem Salzwasser 5 Min. pochieren, herausheben.

Grießnocken mit Pistazien

Pochierte Grießnocken lassen Kindheitserinnerungen wach werden. Probieren Sie diese Edelvariante mit Pistazien.

125 ml Milch
20 g Butter | Salz
50 g Grieß
25 g gehackte Pistazien
1 Ei

Milch, Butter und Salz in einem kleinen Topf aufkochen. Mit einem Kochlöffel rühren und den Grieß dabei einstreuen. Bei kleiner Hitze rühren, bis sich die Masse als Kloß vom Topfboden löst und sich am Topfboden ein helles Häutchen bildet. Kloß in einer Schüssel mit Pistazien und Ei verrühren. Mit zwei nassen Teelöffeln kleine Nocken formen und in siedendem Salzwasser 6–8 Min. pochieren, herausheben.

Semmelklößchen

Überraschen Sie Ihre Gäste mit diesen Mini-Klößen, z. B. in einer Kräutercremesuppe.

1 altbackenes Brötchen (50 g)
1 kräftige Prise Backpulver
30 g Butter | 1 Ei
Salz | geriebene Muskatnuss
1/2 Bund krause Petersilie

Brötchen im Blitzhacker fein zerkleinern und mit Backpulver mischen. Butter zerlassen und in einer Schüssel mit dem Ei verrühren. Brötchenbrösel unterrühren, mit Salz und Muskatnuss würzen. Teig 20 Min. quellen lassen. Petersilie waschen, trockenschütteln, die Blättchen hacken und untermischen. Mit nassen Händen runde Klößchen formen und in siedendem Salzwasser 5 Min. pochieren, herausheben.

Brätklößchen mit Kräutern

Einfach besonders: Pochierte Kalbsbrätklößchen adeln nicht nur Hochzeitssuppen.

1/2 Bund Schnittlauch
1/2 Bund glatte Petersilie
200 g feines rohes Kalbsbrät
Salz

Schnittlauch und Petersilie waschen, trockenschütteln. Petersilienblättchen fein hacken, Schnittlauch in feine Röllchen schneiden. Beides unter das Brät arbeiten. Die Masse in einen Einwegspritzbeutel mit runder Tülle füllen, direkt in siedendes Salzwasser pressen und jeweils nach etwa 1 cm mit einem scharfen Messer abschneiden. Messer dabei immer wieder ins Wasser tauchen. Klößchen pochieren, bis sie an die Oberfläche steigen. Mit dem Schaumlöffel aus dem Wasser in die Suppe heben.

Hühnersuppe, der Klassiker unter den **Leib- und Seelen-Wärmern!** Das Kochen der Brühe dauert zwar seine Zeit, aber sie tut das ja **ganz alleine …**

Hühnerbrühe – besonders einfach und vier Mal anders

ZUBEREITUNGSZEIT:
CA. 2 STD. 30 MIN.
FÜR 4–6 PERSONEN

GRUNDREZEPT

1 großes Bund Suppengrün (Möhren, Petersilienwurzel, Sellerie, Lauch)
1 große Zwiebel | 1 Knoblauchzehe
1,2 kg Hühnerklein
1 TL weiße Pfefferkörner
2 Lorbeerblätter | 1 EL Salz

Möhren, Petersilienwurzel und Sellerie waschen, putzen und in 2 cm große Stücke schneiden. Lauch längs aufschlitzen, gründlich waschen und in 2 cm dicke Ringe schneiden. Die Zwiebel ungeschält vierteln. Knoblauch ungeschält mit einer Messerschneide andrücken.
Hühnerklein, Gemüse, Pfefferkörner und Lorbeer in einem großen Topf verteilen, mit kaltem Wasser bedecken. Offen bei mittlerer Hitze aufkochen. Wenn Schaum aufsteigt und das Wasser zu wallen beginnt, die Hitze auf kleinste Stufe reduzieren. Brühe nun salzen und bei leicht geöffnetem Deckel 1 Std. 30 Min. ziehen lassen. Brühe durch ein mit einem feuchten Tuch (Stoffwindel) ausgelegtes Sieb in einen sauberen Topf gießen.

1. VARIATION: **KLASSISCH MITTELEUROPÄISCH VERFEINERT**

200 g Gabelspaghetti nach Packungsanweisung in Salzwasser bissfest garen, abschrecken, abtropfen lassen. Je 250 g Möhren und Kohlrabi schälen, in 1 cm große Würfel schneiden und in 1,5 l Brühe 3 Min. kochen lassen. 100 g halbierte Zuckerschoten und 300 g TK-Erbsen darin aufkochen. 400 g kleine Hähnchenbrustwürfel in der Suppe 5 Min. pochieren. Nudeln in die Suppe geben, mit gehacktem Kerbel oder krauser Petersilie anrichten.

2. VARIATION: **SÜDOSTASIATISCH INSPIRIERT**

2 Stangen Zitronengras längs halbieren, flach klopfen, in Stücke schneiden. In 1,2 l Brühe mit 50 g Ingwerscheiben, 6 Kaffirlimettenblättern, 80 g feinen weißen Lauchringen aufkochen. Zugedeckt 45 Min. bei kleinster Hitze kochen lassen. Gewürze aus der Brühe nehmen. Brühe mit 400 ml ungesüßter Kokosmilch (Dose), 2–3 EL Fischsauce, 3–4 EL Limettensaft und 1–2 Chilischoten (Streifen) aufkochen. 400 g Hähnchenbrustwürfel darin 8–10 Min. pochieren.

3. VARIATION: **GRIECHISCH INSPIRIERT**

Schale von 1 Bio-Zitrone in einem Stück abschälen. In 1,5 l Brühe aufkochen, 600 g dünne Hähnchenbruststreifen darin 10 Min. pochieren, herausheben, warm stellen. Zitronenschale entfernen. In einer Schüssel 3 Eier und 3 Eigelbe mit einem Rührbesen verrühren, 120 ml Zitronensaft darunter schlagen. Nach und nach ein Drittel der heißen Brühe unterrühren. Das Ganze in die Hühnerbrühe einrühren. Unter Rühren erhitzen, nicht kochen lassen. Fleisch und 200 g gegarten Reis in die Suppe geben.

4. VARIATION: **MEXIKANISCH INSPIRIERT**

Gewürze im Grundrezept durch 2 TL Koriander- und 1 TL Kreuzkümmelsamen ersetzen. 300 g orange Süßkartoffeln und 500 g Hokkaidokürbis schälen, Kürbissamen entfernen. Je 200 g Staudensellerie und Lauch putzen. Gemüse 2 cm groß schneiden. In 1,5 l Brühe mit 2–3 Chilischoten (Ringe) 20 Min. kochen lassen. 600 g Hähnchenbrustwürfel darin 10 Min. pochieren. 400 g abgespülte Kidneybohnen (Dose) zugeben, abschmecken. Portionsweise mit Tortillachips (120 g; hineingeben) und Koriandergrün anrichten.

DÜNSTEN UND DÄMPFEN

Eigentlich merkwürdig, dass wir mit Dünsten oftmals fade Gerichte ohne Würze **und Geschmack assoziieren.** Und im Grunde auch völlig verkehrt: Denn zum einen ist beim Dünsten nicht nur Wasser, sondern auch der Geschmacksträger schlechthin, nämlich **Fett, im Spiel.** Und zum anderen arbeitet diese Gesund-Garmethode mit nur ganz wenig Flüssigkeit, so dass der feine Geschmack von Möhren, Spargel oder Fisch so gut wie gar nicht ausgelaugt wird. Darum: **Verabschieden Sie** sich von alten Vorurteilen, und heißen Sie in Ihrer Küche eine Gartechnik willkommen, die Geschmackserlebnisse de luxe bietet!

Oder **machen Sie mal** richtig Dampf – denn auch darin Gegartes schmeckt unvergleichlich aromatisch. Ob zartes Kalbsfilet, edler Tunfisch oder saftiger Brokkoli: Beim Dämpfen kommt kein Lebensmittel **in direkten Kontakt** mit Wasser, das ihm sein typisches Eigenaroma stehlen könnte. Werden Fleisch, Fisch oder Gemüse dann noch zusätzlich von den Aromen feinwürziger Kräuter umspielt, ist **das Genießerglück perfekt!** Und auch der Körper freut sich: über wenig Fett, dafür um so mehr Vitamine, Mineral- und andere **wertvolle Inhaltsstoffe.** Kein Wunder also, dass diese Gartechnik bei uns gerade ein großes Revival erlebt. Machen Sie diesen Trend doch einfach mit!

Dünsten, das ist Garen auf **minimalistische**

Art, das ist **Geschmack pur** und wenig Fett. Und eignet sich genauso gut für zarten **Fisch** wie für festes **Gemüse.** Traumpartner: Reis.

MÖHREN

Möhren lassen sich prima dünsten. Dabei sind naürlich junge, zarte Bundmöhren schneller gar als ältere Lagermöhren. Welche Sorte auch immer, wichtig ist, die Möhren in möglichst gleich dicke Stücke zu schneiden. Mit 1 Prise Zucker und wenig Flüssigkeit in Butter gedünstet ein Hochgenuss.

LANGKORNREIS

Dämpfreis: Reis waschen, bis das Wasser klar bleibt. Mit doppelter Menge Salzwasser zugedeckt aufkochen, im Topf im 180 °C heißen Ofen (Mitte) 15 Min. quellen lassen. Dabei wird aus dem Kochen ein Dampfgaren. Fertigen Reis auf einem Blech im ausgeschalteten Ofen 5 Min. ausdampfen lassen.

FORELLEN

Küchenfertige Forellen innen und außen salzen, pfeffern. Die Bauchhöhlen mit Petersilie und Thymian füllen. Fische in einer ofenfesten Form auf ein Bett von angedünstetem, in Streifen geschnittenem Suppengrün legen und etwas Gemüsebrühe angießen. Die Fische in 15–20 Min. gar dünsten.

WEISSER SPARGEL

Das Zartgemüse ist geschaffen für diese sanfte Garmethode! Stangen schälen, holzige Enden abschneiden. Stangen in gleichmäßige Stücke schneiden. In mäßig heißer Butter andünsten. Mit etwas Zitronensaft, Salz, und Muskat würzen, wenig Wasser zugeben und zugedeckt 15 Min. dünsten.

Hier verpufft **garantiert** nichts: Im fest

geschlossenen Gargefäß und nur **von Dampf umspielt,** bleiben alle Geschmacksstoffe und selbst das **flüchtigste Aroma** in den Speisen.

MUSCHELN

Frische Muscheln haben in den Monaten mit »R« Saison. Kleine Arten wie Mies- und Venusmuscheln eignen sich prima zum Dämpfen in Papier oder Folie. Wichtig: Alle Muscheln, die vor dem Garen schon geöffnet sind, wegwerfen. Nach dem Dämpfen noch geschlossene Exemplare wegwerfen.

KALBSFILET

Kalbsfilet ist an sich schon ein sehr zartes Fleisch und verträgt sich hervorragend mit heißem Dampf. Das Filet in 3 cm dicke Medaillons schneiden, diese mit Kräutern nach Geschmack, Orangenschale und Olivenöl ca. 1 Std. marinieren. Anschließend rundherum salzen und dämpfen.

BROKKOLI

Über Dampf gegart bleiben die zarten Röschen unversehrt. Brokkolistiele schälen und in etwa 3 cm lange Stifte schneiden. Zusammen mit den Röschen locker im Dämpfeinsatz verteilen, dazwischen salzen. 2–3 Knoblauchzehen ins Wasser pressen. Hierüber den Brokkoli 12–15 Min. dämpfen.

FEST KOCHENDE KARTOFFELN

Salatkartoffeln (z. B. Selma) garen am gleichmäßigsten in kochend heißem Wasserdampf. Möglichst gleich große Kartoffeln waschen. In einen Dämpfeinsatz über Wasser mit 1 TL Kümmelsamen geben, Wasser zugedeckt aufkochen, Kartoffeln 20–25 Min. dämpfen. Gepellt weiterverwenden.

Dünsten und Dämpfen gehören wie Kochen, Blanchieren und Pochieren zu den so genannten **feuchten Garmethoden,** haben also mit Wasser zu tun. Beim Dünsten ist allerdings neben ein wenig Flüssigkeit **auch etwas Fett** im Spiel. Und beim Dämpfen haben die Zutaten lediglich **indirekt** Kontakt mit dem Wasser. Hier wie dort beste Bedingungen für **intensive Eigenaromen!**

Zartes Gargut möchte zart gegart *werden: in wenig hocharomatischer Flüssigkeit, vielleicht einfach nur im eigenen Saft, oder aber – sanft hoch drei – in reichlich* umschmeichelndem Dampf.

Das passiert beim Dünsten

Dünsten ist ein Garverfahren, das unter Verschluss vor sich geht und bei dem Wasser aus dem Lebensmittel und/oder wenig zugegebene Flüssigkeit (Wasser, Brühe, Wein) sowie Dampf die Wärme überträgt. D.h. auch hier herrschen wieder Gartemperaturen von um die 100 °C. Fett kann zur Geschmacksoptimierung zugegeben werden und überträgt dann ebenfalls zu einem gewissen Teil die Hitze.

Die Nährstoffe der Lebensmittel (Kohlenhydrate, Fette, Eiweiße) verändern sich beim Dünsten auf gleiche Art wie bei anderen feuchten Gartechniken (Kohlenhydrate quellen, erweichen und lösen sich teilweise auf, Fette verflüssigen sich und tropfen teilweise ins Wasser ab, Eiweißstoffe quellen und werden weich). Abbauverluste bei Vitaminen sind wegen der meist nur kurzen Garzeiten gering, die Auslaugverluste minimal. Zudem wird die wenige Flüssigkeit in Form von Sud oder Sauce mitserviert.

Für Gemüse ist Dünsten mit wenig Fett die am besten geeignete Zubereitungsart. Zwar können während des Garprozesses keine geschmacksbildenden Röststoffe entstehen – wie z.B. beim Braten –, der natürliche Eigengeschmack wird wegen der nur geringen Flüssigkeitszugabe jedoch besonders gefördert. Wird keine Flüssigkeit zugegeben, dünstet das Gemüse im eigenen Saft – gut eignen sich beispielsweise Champignons, Tomaten oder Zucchini. Auch helles Fleisch, etwa von Geflügel oder Kalb, lässt sich sehr gut dünsten. In der feuchten Hitze lockert sich das Bindegewebe gut (Wasseranlagerung an Eiweißbindungen, Gelatinebildung) und wird angenehm weich.

Das passiert beim Dämpfen

Anders als beim Kochen wird beim Dämpfen die Garhitze mittels heißem Wasserdampf auf das Gargut übertragen. Wasser beginnt ab 100 °C zu verdampfen. Somit liegt die Gartemperatur beim Dämpfen um den Siedepunkt des Wassers. Höhere Temperaturen kommen erst im Dampfdrucktopf bzw. Schnellkochtopf zum Einsatz (siehe der Exkurs auf Seite 33). Die Lebensmittel liegen beim Dämpfen in einem Siebeinsatz, der in einem passenden, verschlossenen Topf steht oder hängt. Unter dem Einsatz befindet sich Wasser, das aufgekocht wird und ab Erreichen des Siedepunkts anfängt zu verdampfen. Der Dampf steigt auf und umspielt das Gargut. Weil der aufgestiegene Dampf an Lebensmittel und Topfdeckel kondensiert, zurücktropft und schließlich erneut verdampft, handelt es sich um einen Kreislaufprozess. Die Veränderungen der einzelnen Lebensmittelbestandteile (Kohlenhydrate, Fette und Eiweiße) sind die gleichen wie bei den anderen feuchten Gartechniken.

Ein großer Vorteil des Dämpfens gegenüber anderen Garmethoden besteht darin, dass Auslaugverluste an Mineralstoffen und wasserlöslichen Vitaminen sehr gering sind. Übertroffen wird das Dämpfen in dieser Hinsicht nur von der Gartechnik Dünsten, bei der die Garflüssigkeit zum Gericht gehört und als Sauce mitverzehrt wird (siehe nebenstehend). Gedämpft wird ohne jegliche Zugabe von Fett, darum ist diese Garmethode die ideale Zubereitungsform für fettarme Kost. Allerdings nur, wenn zum gedämpften Fisch, Fleisch oder Gemüse auch eine leichte Sauce gereicht wird. Das beste Argument für diese Garmethode ist aber der Geschmack! Da die gedämpften Lebensmittel nicht mit Wasser in Berührung kommen, sondern nur von dessen Dampf benetzt werden, entfaltet sich ihr natürliches Eigenaroma besser als bei allen anderen Gartechniken. Und – weil kein Wasser sie wegspült, bleiben diese Aromastoffe hochkonzentriert in und am Gargut.

Gut zu wissen: Kochsalz ist nicht dampflöslich, das heißt, dass die Lebensmittel selbst beim Einschichten in den Dämpfkorb gesalzen werden müssen und nicht die Dämpfflüssigkeiten. Denn aus dieser kann kein Salz ins Gargut gelangen. Beim Dämpfen kommen Sie mit erheblich geringeren Mengen an Salz aus als bei anderen Garmethoden, weil der Eigengeschmack viel stärker ist.

Einfach! Gut! In etwas Fett angedünstet, gewürzt und mit wenig Brühe gedünstet – gibt Mischgemüse mit Geschmacksgarantie.

Wo sich viele Aromen in einem Gericht perfekt vereinen sollen, ist der Dämpfkorb das Gargeschirr der Wahl.

So geht Dünsten

Damit sich genügend Wasserdampf entwickeln kann, der zur Wärmeübertragung genutzt wird, ist ein geräumiger flacher Topf mit fest schließendem Deckel notwendig. Vor dem eigentlichen Dünsten wird das Gargut häufig in Fett angedünstet und gewürzt – bei milder Hitze, damit aus dem Andünsten kein Anbraten (mit Bildung von Röststoffen) wird. Das Fett, in dem angedünstet wird, kann sowohl Butter (toll: Kräuter- oder Gewürzbutter) als auch Öl sein.

Die Menge der zugegebenen Flüssigkeit ist abhängig vom Wassergehalt des Garguts. Tiefgekühlte Gemüse und solche mit einem hohen Wassergehalt (z. B. Tomaten oder Spinat) brauchen keine zusätzliche Flüssigkeit. Weniger wasserhaltige Lebensmittel (z. B. Möhren oder Fisch) benötigen zum Dünsten etwas Wasser.

Über die große Bodenfläche des Topfes wird die Wärme direkt und damit schnell auf das Gargut übertragen, und es gart rasch. Das hält die Abbau- und Auslaugverluste geringer als beim Kochen. Nach der Flüssigkeitszugabe wird der Topf dicht verschlossen und so weit erhitzt, dass sich gerade Dampf entwickelt. Dieser kondensiert an der Innenseite des Topfdeckels und tropft zurück – das hält die zu dünstenden Lebensmittel feucht und verhindert, dass aus dem Dünsten ein Braten wird bzw. dass die Lebensmittel anbrennen. Aus demselben Grund sollte der Topf bis zum Ende der Garzeit auch nicht mehr geöffnet werden. Statt umzurühren können Sie den geschlossenen Topf während des Dünstens schwenken.

Gut zu wissen: Wenn Sie Fisch ohne Gemüse dünsten, wird die Gartechnik zu einem Mischverfahren: Der Teil des Fisches, der ausschließlich mit der Flüssigkeit in Kontakt kommt, wird gekocht, während der andere Teil gedämpft wird. Um hier Abhilfe zu schaffen, gönnen Sie ganzem Fisch oder Fischfilet ein Bett aus Gemüse mit etwas Flüssigkeit. Das mit Zwiebeln und Kräutern gemischte Gemüse wird in Fett angedünstet, bevor die gewürzten Fische darauf gebettet werden. Geben Sie nun noch einen Schuss Flüssigkeit dazu – Wasser, Brühe, Wein oder eine Mischung davon. Eine gleichmäßigere Wärmeverteilung im Dünsttopf erreichen Sie, wenn Sie den Fisch nach kurzem Aufkochen auf dem Herd im vorgeheizten Backofen bei 180 °C weiterdünsten.

So geht Dämpfen

Gedämpft wird in einem Siebeinsatz über kochendem Wasser in einem fest verschlossenen Topf. Hierbei zirkuliert kochend heißer Wasserdampf um das Gargut. Darum ist auch bei dieser Gartechnik ein fest schließender Topfdeckel sehr wichtig: An seiner Innenseite kondensiert der aufgestiegene Wasserdampf und tropft in flüssiger Form zurück ins kochende Wasser. Vorbereitetes Gemüse (in möglichst gleich großen Stücke) wird locker im Dämpfeinsatz verteilt, und da gedämpftes Gemüse einen besonders ausgeprägten Eigengeschmack hat, brauchen Sie es nur ganz leicht zu salzen.

Wenn Sie mit zwei Einsätzen übereinander dämpfen, achten Sie darauf, den unteren Einsatz nicht zu voll zu füllen, damit noch genügend Dampf an das Gargut im Einsatz darüber gelangen kann. Wenn Sie Fisch oder Geflügelfleisch dämpfen, sollten Sie den Einsatz dünn fetten, damit das Gargut nicht anhängt. Nachdem der Einsatz (oder das Sieb) befüllt ist, wird er so in den mit Wasser gefüllten Topf gegeben, dass Wasser und Gargut keinen Kontakt haben. Den Topf schließen und das Wasser aufkochen, dann die Hitze so weit reduzieren, dass das Wasser gerade noch fortkocht und sich genügend Dampf entwickelt, der um das Gargut zirkulieren kann. Ab diesem Zeitpunkt wird die Garzeit gerechnet.

Gut zu wissen: Besonders feine Aromaergebnisse erzielen Sie beim Dämpfen auf einfache Art, indem Sie getrocknete Kräuter und Gewürze direkt ins Dämpfwasser geben. Das Aroma überträgt sich auf das Gargut im Dämpfeinsatz, Beeren, Kräuterzweige und Gewürze bleiben im Wasser zurück. Im Wasser unter dem Dämpfeinsatz können Sie auch Gemüse oder Kartoffeln im Wasser kochen, die dann zum gedämpften Fisch oder Fleisch serviert werden.

Exkurs – Dämpfen im Dampfdrucktopf: Dampfdrucktöpfe (auch Schnellkochtöpfe) sind hermetisch verschließbare Töpfe, in denen ein Druck von 1,2–1,8 bar erzeugt werden kann. Bei diesem Überdruck siedet Wasser nicht bei 100 °C, sondern erst zwischen 104 °C und 120 °C. Dadurch garen Lebensmittel schneller: Bis zu 70 % der Garzeit kann beim Dämpfen (auf einem Einsatz über dem Wasser) im Dampfdrucktopf eingespart werden. Dies ist besonders für im Ganzen gegartes Gemüse mit langer Garzeit ideal, z. B. für Rote Beten, Knollensellerie oder Kohlrabi. Auch Kartoffeln lassen sich in diesem Topf dämpfen, was sich besonders bei großen Mengen anbietet. Dampfdrucktöpfe nach dem Garen von Gemüse nicht unter kaltem Wasser abschrecken, sondern immer entsprechend der Herstellerangabe, sonst kann das Gemüse platzen.

So geht Garen »en papillote«

Diese Gartechnik ist eine Kombination von Dämpfen und Dünsten, die im Backofen stattfindet. Hierbei gart alles luftdicht verpackt im eigenen Saft oder in wenig zugesetztem Fett oder Flüssigkeit. Die unten im Päckchen liegenden Teile werden gedünstet, während die darüber liegenden gedämpft werden. Dieses Garverfahren ist ideal für zartes Fleisch, Geflügel, Fisch, Meeresfrüchte und Gemüse und sammelt sämtliche Aromen. Alle Zutaten sollten etwa die gleiche Garzeit haben, eventuell müssen sie vorgegart werden. Wichtig: Das Gargut nicht zu stramm verpacken, sonst können die Päckchen platzen. Das Öffnen der Päckchen wird zu einem besonderen kulinarischen Erlebnis.

Zum **Dünsten** braucht's nur einen weiten Topf – fürs **Dämpfen** aber ist die Auswahl **da schon** um Einiges größer. Das **wirklich Gute** daran ist das:

WEITER TOPF

Zum Dünsten dient ein breiter niedriger Topf mit fest schließendem Deckel, dessen Innenseite am Rand in den Topf hineinragt. Das Kochgut soll bequem Platz haben. Ist der Topf zu groß, brennt es an. In zu schmalen Töpfen verkocht die unterste Schicht, die oberste bleibt roh.

BAMBUSKÖRBE

Diese preiswerten Dämpfkörbchen in verschiedenen Größen finden sich in jedem asiatischen Haushalt. Sie sind so konstruiert, dass sich im Wok (oder Topf) zwei Körbe mit einem Deckel einfach übereinander stapeln lassen. Tipp: Bambuskörbe vor dem Erstgebrauch einige Stunden wässern, so verschwindet der Bambusgeschmack.

SPARSCHÄLER

Dieses Schälwerkzeug gibt es in verschiedenen Ausführungen. Pendelschäler gibt es für Rechts- und Linkshänder. Am effektivsten arbeitet es sich jedoch mit solchen Schälern, deren Klinge quer zum Griff angebracht ist. Durch die bewegliche Klinge passt sich der Schäler der Form von Kartoffeln und Gemüse optimal an, was ein sparsames Schälen ermöglicht.

ALUFOLIE/BACKPAPIER/PERGAMENT

Auch in Päckchen aus Folie oder Papier können Sie Gargut dämpfen. Wichtig: Immer Luft mit einpacken, damit sich der im Päckchen entstehende Dampf ausbreiten kann. Ränder von Papierpäckchen sorgfältig zufalzen, die Enden mit Küchengarn abbinden. Kleine Portionen garen in Pergamenttüten, die nur am oberen Ende verschlossen werden.

TOPF MIT DÄMPFEINSATZ

Zwei Partner, die fürs Dämpfen bestens auf einander abgestimmt sind: ein Kochtopf aus Edelstahl mit dem passenden Dämpfeinsatz. Im Topf wird Wasser aufgekocht, darüber dämpfen Kartoffeln oder Gemüse im gelöcherten Einsatz unter dem fest schließenden (Glas-)Deckel.

Ob komfortabler Edelstahltopf mit Einsatz oder das schlichte, einfache Bambuskörbchen, Dämpfzutaten fühlen sich in beiden pudelwohl!

ZESTENREISSER

An der leicht abgewinkelten Klinge dieses Küchenhelfers befinden sich eine Reihe von scharfkantigen Löchern, mit denen man feine Streifen von Zitrusschalen so abziehen kann, dass die weiße bittere Haut der Früchte nicht mit abgeschnitten wird. Die so abgeschnittenen Zesten (z. B. von Orangen, Zitronen oder Limetten) geben gedünstetem Gemüse, einem Dämpffond oder einer Marinade ein frischfruchtiges Aroma.

FALTKÖRBCHEN

Der preiswerte Dämpfeinsatz passt sich jeder Topfgröße optimal an, da er sich wie eine Blüte öffnet. Ein Kontakt des Garguts mit dem Wasser wird durch die kleinen Füßchen verhindert, und durch die zahlreichen Löcher kann der heiße Wasserdampf bestens zirkulieren.

DURCHSCHLAG/RUNDES KÜCHENSIEB

Zum Kartoffeldämpfen können Sie auch einen einfachen Durchschlag aus Edelstahl verwenden. Er muss einen Fuß(ring) haben, auf dem er im Topf oder Wok stehen kann. Dieser sollte etwa 1/2 l Wasser fassen, ohne dass die Kartoffeln damit in Berührung kommen. Tipp: Gekochter Reis kann im Sieb über einem Schmorgericht aufgewärmt werden.

GEMÜSEBÜRSTE

Das Beste vom Gemüse steckt oft nicht unter, sondern in den Randschichten. Die Bürstenborsten dieses einfachen Küchenhelfers reinigen die Schale von Wurzel- und Knollengemüse, ohne sie zu beschädigen. Ideal, um auch zartes Gemüse wie junge Möhrchen oder neue Kartoffeln schonend vorzubereiten, ohne deren Haut zu verletzen.

BREITE FISCHZANGE

Schonend gedünstet, sorgfältig serviert: Große gedünstete (oder auch gedämpfte) Fischstücke sowie ganze Fische brechen sehr leicht auseinander. Nicht mit einer speziellen Fischzange: Die Schaufel dieser breiten Zange wird unter den Fisch geschoben, der Greifer darüber hält Fisch oder Filet fest. Praktisch auch, um große Spargelbündel »unfallfrei« auf den Teller zu befördern.

Zum Andünsten von Gemüse benötigen Sie nichts als **Butter oder Öl** und ein paar Gewürze. Machen Sie es sich einfach: **Mit selbst** zubereiteten **Würzölen** geben Sie dem Gemüse ohne weitere Zutaten einen unvergleichlichen Geschmack. Sie können damit aber auch **aromatische Salatdressings** mixen.

Servieren Sie dieses Öl doch auch einmal in einer Dipschale mit frischem Weißbrot – ein einfach ausgefallener Appetizer.

Orangen-Gewürz-Öl

Diese Ölmischung passt hervorragend zu gedünsteten Möhren oder zu kräftigen Wintersalaten.

1 Bio-Orange
1 große rote Chilischote
1/2–1 TL Fenchelsamen
250 ml natives Olivenöl extra

Die Orange heiß waschen, sehr gut trocknen und etwa ein Drittel der Schale am besten mit einem Zestenreißer abschälen. Chilischote waschen, trocknen und mit den Samen in feine Ringe schneiden. Alle Zutaten in eine saubere trockene Flasche geben, mit Olivenöl auffüllen und die Flasche verschließen. Das Öl an einem kühlen dunklen Ort mindestens 3 Wochen durchziehen lassen.

Sommerkräuteröl mit Tomaten

Fangen Sie den Sommer ein! Die Ölmischung arrangiert sich **allerbestens** mit **gedünsteten Zucchini**, aber auch mit frisch gekochter Pasta.

2 Zweige Basilikum
2 Zweige Thymian
4 getrocknete Tomaten (nicht in Öl)
1–2 Knoblauchzehen
250 ml natives Olivenöl extra

Basilikum und Thymian abspülen und sorgfältig trockentupfen. Getrocknete Tomaten würfeln. Knoblauch schälen und in sehr feine Scheiben schneiden. Alle Zutaten in eine saubere trockene Flasche geben, mit Olivenöl auffüllen und die Flasche verschließen. Das Öl an einem kühlen dunklen Ort mindestens 2 Wochen durchziehen lassen.

Orientalisches Würzöl

Hier kommen die Düfte des Orients ins Öl. Aromatisieren Sie damit z. B. **gedünsteten Blumenkohl.** Toll auch für Couscous!

2 Zweige Thymian
1 Bio-Zitrone
1 Zimtstange
1/2–1 TL Kreuzkümmelsamen
1/2–1 TL Fenchelsamen
250 ml Distelöl

Thymian abspülen und sorgfältig trockentupfen. Die Zitrone heiß waschen, sehr gut trocknen und etwa die Hälfte der Schale am besten mit einem Zestenreißer abschälen. Mit Zimt, Kreuzkümmel und Fenchel in eine saubere trockene Flasche geben, mit Distelöl auffüllen und die Flasche verschließen. Das Öl an einem kühlen dunklen Ort mindestens 3 Wochen durchziehen lassen.

Asiatisches Würzöl

Damit aromatisieren Sie neben Gedämpftem auch **pfannengerührte Wokgerichte!** Einfach nach dem Braten über das Gericht geben.

1 Stängel Zitronengras
1 große rote Chilischote
10 g frischer Ingwer
1–2 Knoblauchzehen
250 ml Erdnussöl

Das äußere Zitronengrasblatt entfernen, Stängel auf Flaschenhöhe kürzen, längs halbieren. Mit der Klingenfläche eines großen Messers flach drücken. Chili und Ingwer waschen und trocknen. Chili mit den Samen in feine Ringe schneiden. Knoblauch schälen. Mit dem Ingwer in sehr feine Scheiben schneiden. Alle Zutaten in eine saubere trockene Flasche geben, mit Erdnussöl auffüllen, die Flasche verschließen. Das Öl an einem kühlen dunklen Ort mindestens 2 Wochen durchziehen lassen.

Rosmarin-Steinpilz-Öl

Hiermit **intensivieren** Sie das Aroma von gedünsteten Champignons. Auch prima für ein einfach **schnelles Pastagericht!**

2 Zeige Rosmarin
5 g getrocknete Steinpilze
250 ml natives Olivenöl extra

Rosmarin abspülen und sorgfältig trockentupfen. Mit den (nach Belieben gehackten) Pilzen in eine saubere trockene Flasche geben, mit Olivenöl auffüllen und die Flasche verschließen. Das Öl an einem kühlen dunklen Ort mindestens 2 Wochen durchziehen lassen.

Für jeden eine Möhre dabei: **einfach gedünstet** oder als **Mischgemüse,** ingwer-chili-würzig, in Couscous gebettet oder in saftiger **Speckhülle.**

Gedünstete Möhren – besonders einfach und vier Mal anders

ZUBEREITUNGSZEIT: CA. 25 MIN.
FÜR 4 PERSONEN

GRUNDREZEPT

500 g Möhren
4 schlanke Frühlingszwiebeln
30 g Butterschmalz | Salz | Zucker
1/2 Bund Kerbel oder glatte Petersilie
2 TL abgeriebene Schale von einer Bio-Zitrone

Die Möhren putzen und schälen. Dicke Exemplare längs halbieren, so dass alle die gleiche Stärke haben. Möhren quer schräg in 1 cm dicke Scheiben schneiden. Frühlingszwiebeln waschen, putzen, den hellgrünen und weißen Teil schräg in dünne Ringe schneiden.
Butterschmalz in einem breiten flachen Topf bei mittlerer Hitze zerlassen. Möhren und Zwiebeln darin unter Rühren 3 Min. andünsten. Mit Salz und 1 Prise Zucker würzen. 2 EL kaltes Wasser zugeben und die Möhren zugedeckt bei kleiner Hitze in 10–12 Min. bissfest dünsten. Kerbel waschen, trockenschütteln, die Blättchen hacken. Mit der Zitronenschale unter die Möhren heben.

1. VARIATION: AUF ASIATISCHE ART

30 g Ingwer schälen und fein reiben. 1 rote Chili längs halbieren, ohne Samen und Trennwände quer in feine Streifen schneiden. Möhren und Frühlingszwiebeln vorbereiten (Grundrezept), in 4 EL Öl mit Ingwer, Chili und 1 durchgepressten Knoblauchzehe andünsten, mit Salz und Zucker würzen. Wie links beschrieben zu Ende garen. 2 TL abgeriebene Limettenschale und 3 EL gehacktes Koriandergrün untermischen. Passt zu gegrilltem Hähnchenbrustfilet.

2. VARIATION: AUF HEIMISCH-DEFTIGE ART

350 g Rosenkohl putzen, die Röschen halbieren. 1 Zwiebel schälen und fein würfeln. Die Möhren wie beschrieben klein schneiden (Grundrezept). Mit der Zwiebel und dem Rosenkohl im heißen Butterschmalz andünsten, mit Salz, Zucker und Muskat würzen und wie im Grundrezept zu Ende garen. Blättchen von 1/2 Bund krauser Petersilie grob hacken. Die Petersilie unter das Gemüse mischen. Passt zu gebratenen Frikadellen.

3. VARIATION: AUF ORIENTALISCHE ART

1 TL kurz geröstete Kreuzkümmelsamen im Mörser fein zerstoßen. Fruchtfleisch von 1 roten Chili hacken. Möhren und Frühlingszwiebeln vorbereiten (Grundrezept), in 4 EL Öl mit Kreuzkümmel, Chili und 1 durchgepressten Knoblauchzehe wie beschrieben dünsten. 100 ml Orangensaft mit 100 ml Wasser, Salz und 2 EL Olivenöl aufkochen. 200 g Couscous darin zugedeckt auf der ausgeschalteten Kochstelle 5 Min. quellen lassen, Möhren untermischen, mit gehackten Pistazien bestreuen. Passt zu Lammkoteletts.

4. VARIATION: AUF ITALIENISCHE ART

500 g schlanke Bundmöhren putzen, dabei etwas Grün daran lassen. Möhren schälen, in 4 EL Olivenöl andünsten, mit Salz und Zucker würzen, zugedeckt 8–10 Min. dünsten. Nach 5 Min. 2 durchgepresste Knoblauchzehen unter die Möhren mischen, mit Zitronenschale würzen. Möhren zugedeckt im Topf abkühlen lassen. 50 g Rucola waschen, trockenschütteln. Jede Möhre mit ein paar Rucolablättern in 1 Scheibe Südtiroler Speck (insgesamt etwa 200 g) wickeln. Mit Ciabattabrot als Vorspeise servieren.

KURZBRATEN, FRITTIEREN, GRILLEN

Schnell was Feines auf den Teller gewünscht? Dann rasch die Pfanne her! Flugs ein wenig Fett darin erhitzt, und hinein mit allem, was sich zum Braten in der Pfanne eignet: flache und zarte Stücke von Kalb, Rind, Schwein, Lamm und Geflügel. Aber auch ganz einfache Dinge kommen in die Pfanne – und geschmacksveredelt wieder heraus: Kurzbraten ist die Gartechnik der Wahl für herrliche Spiegeleier oder knusprige Bratkartoffeln.

Das Frittieren oder Ausbacken ist eigentlich ebenfalls ein Kurzbraten, nur wird bei dieser Garmethode erheblich mehr Fett als Wärmeüberträger benutzt. Dem Frittiergut wird es im heißen Fettbad schwimmend schon nach kurzem richtig warm ums Herz. Schließlich werden viel höhere Temperaturen erreicht als beispielsweise beim Kochen. Dadurch kann sich eine wunderbare Knusperkruste ausbilden, die ein saftiges Innenleben umhüllt.

Heiß, aber lang nicht so fettig geht's auch beim Grillen her. Von oben oder unten strahlt es glühend ans Grillgut – so heiß, dass die Oberfläche quasi versiegelt wird und das Grillgut innen saftig bleibt. Und niemand muss traurig sein, wenn die Abende kürzer und kälter werden und man nicht mehr draußen grillen kann. Mit Hilfe von Backofengrill, Kontaktgrill oder Grillbratpfanne lässt sich die Outdoor-Grillsaison einfach in die Küche verlagern!

Kurz und heiß, das können alle Lebensmittel

gut ab, die flach und von zarter Struktur sind. Und die eine große Oberfläche haben, so dass sie rasch durchgaren.

SCHNITZEL

Schnitzel von Kalb, Schwein oder Pute können Sie panieren und in der Pfanne braten oder – ohne Hülle und am besten kurz mariniert – grillen. Schnitzelfleisch wird für Geschnetzeltes quer in Streifen geschnitten und in der Pfanne kurzgebraten oder im Wok. pfannengerührt.

RINDERSTEAKS

Am besten zum Kurzbraten eignen sich Stücke aus der Hochrippe (Ochsenkotelett), vom Roastbeef (Rumpsteak oder Entrecote) oder aus dem Filet (Filetsteak oder Tournedo). Je nach Dicke sind Steaks in 6–10 Min. gar. Hinweise zu den Gargraden finden Sie auf Seite 205.

HACKFLEISCH

Wegen seiner großen Oberfläche ist Hackfleisch schnell gar und darum zum Kurzbraten hervorragend geeignet. Egal ob Sie daraus Frikadellen formen oder das Hack mit Gemüse im Wok pfannenrühren, Hackfleisch ist unkompliziert und vielseitig. Und will nur eines: frisch verarbeitet werden.

BRATWURST

Die Welt der Wurst ist groß: gebrüht oder roh, grob oder fein, von Schwein oder Kalb oder aus magerem Geflügelfleisch. Sehr wichtig fürs Braten und Grillen: Damit die Wursthaut aus Naturdarm bei großer Hitze nicht platzt, Brat- und Grillwürste immer einstechen oder leicht einschneiden.

Frittieren und Grillen – auch nur eine Sache

von **Minuten.** Das Ergebnis: schmackhaft-**knusprig** und auch nach dem Fettbad mit etwas Know-how **alles andere als fettig.**

FRÜHLINGSROLLEN

Typisch asiatisch: Teigblätter, die mit einer Komposition aus allerlei geraspeltem Gemüse, Sprossen, Nudeln und vielleicht auch Fleisch aufgerollt sind und dann im Wok in heißem Öl goldgelb und mit splitternder Kruste frittiert werden. Toll als Fingerfood mit süßscharfem Chilidip.

ROTE BETE

Chips kann man nicht nur aus Kartoffeln machen: Rote Bete dünn schälen und in dünne Scheiben hobeln. In 180 °C heißem Frittierfett portionsweise 3–5 Min. frittieren, kurz auf Küchenpapier entfetten. Dann mit Kräutersalz würzen. Mit Petersilienwurzel und Pastinake geht es genauso gut.

TUNFISCHSTEAKS

Das zarte Fleisch vom Tunfisch mag's je kürzer, je lieber. Steaks vom roten Tunfisch gelingen in der Grillbratpfanne besonders gut. Steaks in Öl und Gewürzen marinieren und in der heißen Pfanne auf jeder Seite je nach Dicke nur 1–2 Min. grillen. Jetzt sind sie innen noch rosa – und köstlich.

ANANAS

Wegen ihres festen Fruchtfleisches lassen sich reife Ananas prima grillen. Eine mittelgroße Ananas längs vierteln, den harten Strunk herausschneiden. Die Viertel in Stücke schneiden und diese mit einer Mischung aus Honig, Limettensaft und Rum bestreichen. Auf jeder Seite 5–8 Min. grillen.

Beim Kurzbraten, Frittieren und Grillen ist kein Wasser im Spiel. Daher zählt man diese Garverfahren zu den »trockenen«. Doch wird die Wärme auf verschiedene Arten auf das Gargut übertragen: beim Braten in der Pfanne durch direkten Kontakt, beim Grillen unter dem Backofengrill durch Strahlung und beim Frittieren durch heißes Fett.

Reichlich Öl ist beim Frittieren im Spiel, aber so gar kein Wasser *– fachsprachlich wird hier demnach »trocken« gegart: mit* den allerknusprigsten, *saftigsten Ergebnissen und Gaumenerlebnissen.*

Das passiert beim Kurzbraten

Beim Kurzbraten wird in wenig Fett in der offenen Pfanne gebräunt und gegart. Dazu eignen sich z. B. flache Fleischstücke (Schnitzel, Steaks oder Frikadellen), Geschnetzeltes, Fisch(filets), Spiegeleier, Bratkartoffeln, Kartoffelpuffer. Das Gargut hat über die Pfanne direkten Kontakt zur Wärmequelle, die Hitze wird aber auch zu einem gewissen Teil durch das zugegebene Fett übertragen. Die Veränderungen der Lebensmittelinhaltstoffe während des Bratens sind dieselben, wie sie auch beim Frittieren (siehe nächster Absatz) und beim Schmoren (Seite 59) beschrieben werden.

Nach dem Kurzbraten von dickeren Fleischstücken wie Steaks oder Hähnchenbrustfilet ist vor dem Servieren eine Ruhepause unverzichtbar: Die Temperaturunterschiede zwischen Rand- und Kernbereichen der Fleischstücke müssen ausgeglichen werden. Nur so verteilen sich die Fleischsäfte gleichmäßig, und die Eiweißverbindungen entspannen sich. Damit wird das Fleisch geschmeidiger, und beim Anschneiden tritt weniger Fleischsaft aus.

Gut zu wissen: Eine Sonderform des Kurzbratens ist das Pfannenrühren im Wok. Hierbei wird das Gargut in kleinen und klein geschnittenen Portionen unter ständiger Bewegung bei starker Hitze in wenig Fett gebräunt und gegart. Diese Gartechnik bietet sich besonders für Gemüse, Fisch, Geflügel und zartes (bindegewebsarmes) Fleisch an. Gemüse bleibt beim Pfannenrühren knackig und durch die entstehenden Röststoffe besonders geschmackvoll. Das kurze intensive Braten schützt vor Nährstoffverlusten.

Das passiert beim Frittieren

Weil kein Wasser beteiligt ist, zählt Frittieren (oder Ausbacken) zu den so genannten trockenen Garverfahren. Das Frittiergut wird im Fettbad bei hohen Temperaturen von 140–190 °C gleichmäßig gegart und gebräunt. Frittieren ist eine Sonderform des Kurzbratens (siehe oben). Hier wird jedoch mit viel mehr Fett gegart. Davon wird das Frittiergut auf seiner gesamten Oberfläche umgeben, so dass die Wärme ausgesprochen schnell übertragen werden kann. Ab Temperaturen von 120 °C entstehen in den Randschichten des Frittiergutes Röststoffe, eine Kruste bildet sich. Diese bewahrt nicht zuletzt das Frittiergut vor dem Eindringen von zu viel Fett. Zum Frittieren eignen sich wegen ihres Stärkegehalts besonders Kartoffeln: Die Stärke wird durch die Hitze zu Zucker abgebaut, der karamellisiert, wodurch die Kartoffeln bräunen. Aber auch Lebensmittel, die keine bzw. wenig Stärke enthalten, können Sie frittieren. Hier hilft man sich mit einem Ausbackteig oder einer Panierung.

Gut zu wissen: Nach dem Frittieren das Fett abkühlen lassen und durch ein feines Sieb gießen. So werden auch kleinste Speisereste entfernt, die bei einem erneuten Erhitzen verbrennen und das Fett bitter machen würden. Frittierfett nicht öfter als drei- bis fünfmal verwenden.

Das passiert beim Grillen

Beim Grillen über Kohleglut oder im Backofen wird die Hitze durch Strahlung auf das Gargut übertragen (Strahlungsgrillen). Durch die hohen Temperaturen von über 250 °C verkrusten die Oberflächen schnell: Eiweiß denaturiert, Fett schmilzt, Zucker karamellisiert – eine aromatische feste Hülle entsteht, die das Grillgut perfekt vor Auslaugverlusten schützt. Grillen kann man aber auch in der Grillbratpfanne oder mit einem Plattengrillgerät (dazu gehören sowohl mit Gas beheizte Standgeräte als auch Tisch-Sandwichgrills). Dies nennt man Kontaktgrillen: Das Gargut ist auf den Rippen des Gargeschirrs mit der Hitzequelle in direktem Kontakt. An diesen Stellen bräunt es besonders stark, und die typischen appetitlichen Streifen entstehen.

Gut zu wissen: Bei Plattengrillgeräten verkürzt sich die Garzeit um mindestens die Hälfte, weil die Hitze von zwei Seiten auf das Gargut einwirkt.

In jedem Fall von zarter Struktur **und gerne auch** mit etwas Fett **durchzogen** sollte ein Fleischstück sein, das kurzgebraten wird.

Wenn Sie sie vor dem Frittieren **dünn bemehlen,** werden die **Minifischlein beim Bad** im heißen Fett besonders knusprig.

So geht Kurzbraten

Das Kurzbraten in der Pfanne oder im Wok ist für gleichmäßig flache Fleischstücke ebenso geeignet wie für vieleckige, aber kleinstückige Bratkartoffeln. Das Fleisch der ersten (Kurzbrat-)Wahl ist bindegewebsarm, korrekt gereift (d.h. mit bereits lockerer Faserstruktur) oder stammt von einem jungen Tier.

Damit der mit dem Braten einhergehende Temperaturschock weniger heftig ausfällt, das Fleisch rechtzeitig aus dem Kühlschrank nehmen und die Stücke nebeneinander liegend abgedeckt Raumtemperatur annehmen zu lassen. Dann die richtige Pfanne auswählen: Zwar bringen Sie in einer großen Pfanne viele Stücke unter, die Pfanne sollte aber nur so groß wie nötig sein, sonst kann das Fett neben dem Bratgut verbrennen.

Das Fleisch trockentupfen, anhaftende Flüssigkeit würde sonst anfangs aus dem Anbraten eine Art »Ankochen« machen und das Bräunen verhindern. Bevor das Fleisch in die Pfanne kommt, die Pfanne mit Öl oder Butterschmalz erhitzen. Beim Einlegen des Fleisches muss es zischen, sonst ist das Fett nicht heiß genug. (Das lässt sich einfach mit einem kleinen ins Fett gelegten Gemüsestück testen!) Nach etwa 1 Min. können Sie das Fleisch wenden, es soll sich leicht vom Pfannenboden lösen. Anschließend die zweite Seite ebenfalls 1 Min. anbraten. Nun wird die Brattemperatur reduziert und das Fleisch fertig gebraten. Wichtig: Das Stück auch dabei gelegentlich wenden, sonst kühlt die obere Seite zu sehr ab.

Gut zu wissen: Naturell gebratenes Fleisch immer erst nach dem Anbraten salzen und eventuell auch pfeffern. Salz entzieht rohem Bratgut Fleischsaft, der dann direkt in der Pfanne landen und aus dem Braten ein Kochen machen würde. In diesem Fall können sich auch keine aromatischen Röststoffe bilden. Und Pfeffer kann im heißen Fett leicht verbrennen und bitter werden.

So geht Frittieren

Frittiert wird im Fettbad, am praktischsten in einer Fritteuse mit Gittereinsatz. Damit das Fett nicht zu stark abkühlt, das Frittiergut immer portionsweise zugeben: Am günstigsten ist ein Verhältnis von Frittiergut zu Fettmenge von 1:6. Kleine Mengen Frittiergut kann man besonders gut im Wok in wenig heißem Öl frittieren. Auf die richtige Temperatur achten: Ist das Fett nicht heiß genug, kann sich keine Kruste bilden und das Gargut saugt viel Fett auf. Ist die Temperatur zu hoch, bräunen die Stücke zu stark, ohne innen gar zu werden. Tipp: Die richtige Temperatur ist erreicht, wenn an einem ins heiße Fett getauchten Holzlöffelstiel kleine Blasen aufsteigen. Nach dem Ausbacken das Frittierte kurz auf Küchenpapier oder einem Gitterrost abtropfen lassen, um überschüssiges Fett zu entfernen. Dann auf vorgewärmten Tellern möglichst bald servieren, damit die Kruste nicht aufweicht. Frittiertes nie über einen längeren Zeitraum warm halten.

Gemüse kann roh oder vorgegart, naturell oder in Teighülle frittiert werden. Das Gemüse jedoch immer erst nach dem Frittieren salzen, da Salz Wasser an die Oberfläche zieht – gelangt das Wasser ins Frittierfett, kann dieses überschäumen. Aus demselben Grund sollten Sie das Gemüse vor dem Frittieren gut trockentupfen. Auch Scheiben von Fleisch oder Geflügel, Geflügelteile oder kleine ganze Fische können Sie frittieren. Damit sich bei diesen Lebensmitteln eine Kruste bilden kann, werden sie paniert oder durch einen Ausbackteig gezogen, bevor sie ins heiße Fettbad kommen.

Gut zu wissen: Für richtig knusprige Pommes frites in Stifte geschnittene Kartoffeln kalt abwaschen und sorgfältig trocknen. So wird an der Oberfläche anhaftende Stärke entfernt, und die Kartoffeln bräunen gleichmäßiger. Die Stifte zunächst portionsweise bei 140 °C 8–10 Min. vorfrittieren. Hierbei verkleistert die Stärke der Außenschicht, die Kartoffeln nehmen nur leicht Farbe an. Anschließend die Pommes bei 170 °C in etwa 2 Min. goldbraun und knusprig frittieren.

So geht Grillen

Weil durch die starke Hitze der Garvorgang beim Grillen im Backofen und auch beim Kontaktgrillen sehr kurz verläuft, eignet sich zum Grillen vorwiegend zartes Fleisch mit geringem Bindegewebsanteil, das gut gereift und nicht zu dick ist (z. B. Steaks, Koteletts, Filet, Geflügelfleisch). Das gewürzte Fleisch wird vor dem Grillen mit etwas Öl bestrichen, das schützt vorm Austrocknen, fördert die Wärmeübertragung und verhindert beim Kontaktgrillen das Anhängen an den Grillrippen. Flaches Grillgut muss nur einmal gewendet werden, dickere Stücke öfter, damit die der Strahlung abgewandte Seite nicht zu stark abkühlt. Gegrillte Steaks vor dem Anschneiden kurz ruhen lassen, damit sich die Fleischsäfte im Inneren verteilen. Gewürztes ganzes Geflügel wird vor dem Grillen gesalzen und während des Garens immer wieder mit Marinade bestrichen. Wichtig: Zum Grillen ungeeignet ist gepökeltes Fleisch, denn beim Grillen können in ihm krebserregende Nitrosamine entstehen.

Fischen, besonders fettreicheren Arten, verleiht das Grillen einen ausgeprägten Geschmack. Fische können im Ganzen (z. B. Forelle) oder als Portion (z. B. Heilbuttschnitte) gegrillt werden. Portionsteile vor dem Grillen mit Zitronensaft würzen, trockentupfen, salzen und pfeffern, dann rundherum mit Öl bestreichen. Ganze Fische auf beiden Seiten bis zur Gräte mehrfach einschneiden. Einschnitte und Bauchhöhle würzen.

Auch festfleischiges, saftiges Gemüse und Obst (z. B. Zucchini, Paprika, Äpfel, Pfirsiche) kann – nach Belieben vorher mariniert – gegrillt werden.

»Some like it hot …«, aber mit großer Hitze allein ist's nicht getan. Denn perfektes Braten, Frittieren und Grillen verlangen nach mehr Helfern:

PLATTIEREISEN/ FLEISCHKLOPFER

Damit wird Schnitzel- und Rouladenfleisch zwischen Klarsichtfolie flach geklopft: Muskelfasern werden gestaucht, Bindegewebe zerkleinert. So gart das Fleisch beim Kurzbraten oder Schmoren rasch und bleibt schön saftig.

KÜCHENZANGEN

Zangen sind Universalhelfer! Und das nicht nur beim Grillen oder Anbraten von Rouladen und Gulasch. Eine Zange ersetzt Kochlöffel und Pfannenwender und eignet sich prima auch zum Pfannenrühren. Antihaftbeschichtete Greifbacken mit Bogenkanten halten Fleisch, Fisch und Gemüse sicher fest, ohne dass empfindliche Pfannen beim Aufnehmen verkratzt werden.

EISENPFANNEN

Diese schweren Pfannen eignen sich optimal zum Kurzbraten von z. B. Steaks und Bratkartoffeln. Naturbelassen, geschmiedet oder aus Gusseisen müssen sie eingearbeitet werden, damit sich mit der Zeit eine Patina entwickeln kann. Hierdurch braucht man langfristig immer weniger Bratfett. Wichtig: Eisenpfannen nicht mit Spülmittel reinigen, sondern nur auswischen.

WOK

In dem chinesischen Kochgeschirr aus Stahlemail, Aluguss oder Gusseisen wird immer unter Rühren gebraten. Durch die konische Form gelangt das Gargut stets wieder in die Mitte, wo die Temperatur am höchsten ist. Im Wok kann aber auch frittiert werden, zugedeckt lässt sich's darin bestens dämpfen.

FETT-THERMOMETER

Wer keine Fritteuse besitzt oder wer die Löffelstielprobe, die im Tipp auf Seite 47 beschrieben wird, als Temperaturmessmethode beim Frittieren zu ungenau findet, der kann ein Fett-Thermometer einsetzen. – Gibt's im Fachhandel oder auch im Hobbybäckerversand (siehe Bezugsquellen Seite 205).

Eine gute Pfanne etwa und einen Fleischklopfer. Damit diese Gartechniken beweisen, was sie können: ein richtig krosses, saftiges Steak zum Beispiel …

WOKLÖFFEL/SCHÖPFLÖFFEL

Bei einem Woklöffel ist die Rundung der Laffe ideal auf das Rühren und Wenden im Wok und das Herausheben des Gargutes angepasst. Mit einem Schöpflöffel können Suppen verteilt oder Schmorbraten beschöpft werden. Wichtig ist ein langer Stiel, um auch in tiefe Töpfe gelangen bzw. Braten direkt im Backofen begießen zu können.

POMMESSCHNEIDER

Besser geht's nicht: Mit diesem praktischen Gerät, das einen scharfen Schneideinsatz hat, lassen sich geschälte und ungeschälte Kartoffeln ganz einfach und schnell in exakt gleich große Stifte schneiden. Ein »Must« für jeden frittierenden Pommesfreund.

GRILLPFANNE/GRILLPLATTE

Zum Kontaktgrillen auf dem Herd sind Pfannen oder Platten aus Gusseisen oder beschichtetem Aluguss extra hoch erhitzbar. Das Grillgut gart auf den Rippen, so dass Steaks oder Gemüse nicht im Fett liegen und ein appetitliches Muster erhalten. Tipp: Beschichtete Pfannen vor dem Erhitzen immer mit ein wenig Öl auspinseln, sonst kann die Beschichtung Schaden nehmen.

BRATPFANNEN

Je schwerer, desto besser! Denn leichte Pfannen können sich verziehen und leiten die Wärme ungleichmäßig. Beschichtete Pfannen (Aluguss) lassen nichts anhängen, Pfannen aus Stahlemail sind besonders robust. Pfannen mit hohem Rand vermindern Spritzer, ein niedriger schräger Rand lässt den Pfanneninhalt leicht herausgleiten.

PFANNENWENDER

Die preiswerten Küchenhelfer gibt es aus verschiedenen Materialien: Einfache Wender aus Holz eignen sich besonders gut zum Pfannenrühren und verkratzen auch keine Antihaftbeschichtung. Wender mit Kunststofflaffe sind sehr biegsam, und durch die Schlitze kann überschüssiges Fett ablaufen.

Panierungen geben kurzgebratenem Fleisch, Fisch und Geflügel ebenso wie Gemüse die richtige Hülle. Klassischerweise nimmt man zum Panieren Mehl, Eier und Semmelbrösel, weil das eine knusprige Ummantelung garantiert und der Inhalt saftig bleibt. Versuchen Sie sich doch an mal an diesen Varianten!

Das bayerische Brotzeit-Brät bekommt hier eine politisch korrekte Umhüllung: Brezel-Brösel.

Leberkäse in Brezelpanierung

Zum Leberkäse gibt's meist Kartoffelsalat, probieren Sie diese panierte Version doch einmal mit Krautsalat.

2 Laugenbrezeln vom Vortag
60 g Mehl | 2 Eier
4 Scheiben Leberkäse à 120 g
4 EL mittelscharfer Senf
60 g Butterschmalz

Brezeln in Stücke schneiden und im Blitzhacker fein zerkleinern. Mehl, verschlagene Eier und Brezelbrösel auf je einen Teller geben. Halbierte Leberkäsescheiben mit Senf bestreichen. Jeweils nacheinander in Mehl, Eiern und Bröseln wenden. Brösel gut andrücken. Portionsweise bei mittlerer Hitze im Butterschmalz auf jeder Seite 2 Min. goldbraun braten.

Putenschnitzel mit Taco-Panierung

Saftige Schnitzel im würzigen Mantel – mexikanisch vollendet mit Tomaten-Avocado-Salat!

125 g Tacochips
60 g Mehl
2 Eier
4 dünne Putenschnitzel à 120 g
Salz | Pfeffer aus der Mühle
60 g Butterschmalz

Chips in einem Gefrierbeutel mit der Kuchenrolle fein zerbröseln. Mehl, verschlagene Eier und Brösel auf je einen Teller geben. Halbierte Schnitzel salzen und pfeffern. Jeweils nacheinander in Mehl, Eiern und Bröseln wenden. Brösel gut andrücken. Portionsweise bei mittlerer Hitze im Butterschmalz auf jeder Seite in 2–3 Min. goldbraun braten.

Lachs mit Suppengrün-Panierung

Eingehüllt in knackige Gemüsewürfel schmeckt saftiger Lachs gleich doppelt lecker.

250 g Suppengrün | Salz
40 g Mehl | 2 Eier
4 Lachsschnitzel ohne Haut à 120 g
Pfeffer aus der Mühle
40 g Butterschmalz

Das Suppengrün putzen, fein würfeln und in Salzwasser 2 Min. blanchieren. Abschrecken und sehr gut abtropfen lassen. Mehl, verschlagene Eier und Suppengrün auf je einen Teller geben. Lachs trockentupfen, salzen und pfeffern. Jeweils nacheinander in Mehl, Eiern und Gemüse wenden. Suppengrün gut andrücken. Bei mittlerer Hitze im Butterschmalz auf jeder Seite 2–3 Min. goldbraun braten.

Hähnchen in Cornflakes-Panierung

Favorit besonders bei Kindern, die gern knuspern. Dazu: einfach Ketchup!

150 g Cornflakes
50 g Mehl
2 Eier
2 große Hähnchenbrustfilets
Salz | Pfeffer aus der Mühle
40 g Butterschmalz

Cornflakes in einem Gefrierbeutel mit der Kuchenrolle fein zerbröseln. Mehl, verschlagene Eier und Brösel auf je einen Teller geben. Hähnchenbrust waagerecht halbieren, salzen und pfeffern. Jeweils nacheinander in Mehl, Eiern und Bröseln wenden. Brösel gut andrücken. Portionsweise bei mittlerer Hitze im Butterschmalz auf jeder Seite 2 Min. goldbraun braten.

Sellerieschnitzel in Sesam-Panierung

Ein Vegi-Essen mit Aromaplus. Schmeckt einfach gut mit Kräuterquark.

800 g Knollensellerie | Salz
50 g Mehl | 2 Eier
50 g Semmelbrösel
50 g ungeschälte Sesamsamen
Pfeffer aus der Mühle
50 g Butterschmalz

Den Sellerie schälen, in 1 cm dicke Scheiben schneiden. In Salzwasser 2 Min. blanchieren. Abschrecken und trockentupfen. Mehl, verschlagene Eier sowie Brösel und Sesam auf je einen Teller geben. Sellerie salzen und pfeffern. Jeweils nacheinander in Mehl, Eiern und Bröseln wenden. Brösel gut andrücken. Bei mittlerer Hitze im Butterschmalz auf jeder Seite 2 Min. goldbraun braten.

Schnitzelparade! Da hilft nur Ausprobieren, um herausfinden, welches Rezept Sie zu Ihrem Favoriten machen.

Schnitzel – besonders einfach und vier Mal anders

ZUBEREITUNGSZEIT: CA. 25 MIN.
MARINIERZEIT: 1 STD.
FÜR 4 PERSONEN

GRUNDREZEPT

4 Kalbschnitzel à 120 g
2 Bio-Zitronen
8 EL Olivenöl
20 g Butter | Salz
Pfeffer aus der Mühle | Zucker
4 Zweige Basilikum

Kalbschnitzel einzeln in einem Gefrierbeutel flach klopfen (plattieren). Zitronen heiß waschen, trocknen, 3 TL Schale von 1 Zitrone abreiben, Zitrone auspressen. Die andere Zitrone so schälen, dass die weiße Haut mitentfernt wird. Zitronenfilets zwischen den Trennhäuten herausschneiden, Saft dabei auffangen. Gesamten Zitronensaft mit Zitronenschale und 4 EL Öl verrühren. Schnitzel damit bestreichen und abgedeckt 1 Std. marinieren.

Marinade von den Schnitzeln streifen, auffangen. Schnitzel salzen und pfeffern. Jedes Schnitzel in 1 EL heißem Öl in einer beschichteten Pfanne pro Seite 1 Min. kräftig anbraten, warm stellen. Marinadenmenge mit der gleichen Menge Wasser verdoppeln, in die Pfanne geben und aufkochen. Butter und Zitronenfilets unterrühren, mit 1 Prise Zucker, Salz und Pfeffer abschmecken, Schnitzel darin erhitzen. Basilikumblättchen in Streifen schneiden und darüber streuen. Dazu passt Ciabattabrot.

1. VARIATION: IN SAFTIGER HÜLLE

4 Eier und 50 g geriebenen Parmesan auf einem Teller verkleppern, 2 EL geschlagene Sahne unterheben. 4 EL Mehl auf einen Teller geben. 4 dünne Putenschnitzel plattieren, halbieren, trockentupfen und pfeffern. 4 Schnitzel erst im Mehl wenden, abklopfen und in der Käse-Ei-Mischung wenden. Bei mittlerer Hitze in 2 EL Öl auf jeder Seite 2 Min. goldgelb braten, warm stellen. Übrige Schnitzel ebenso braten. Dazu passt Tomatenragout.

2. VARIATION: PIKANT GEFÜLLT

4 Kalbsschnitzel plattieren und halbieren. 8 Scheiben Serranoschinken sowie 8 kleine Rosmarinzweige auf die Schnitzel legen, zusammenklappen, mit Holzspießchen zustecken, salzen, pfeffern. Schnitzel in einer beschichteten Pfanne in 4 EL Öl pro Seite 2 Min. braten, warm stellen. Bratensatz mit 100 ml Marsala ablöschen, auf die Hälfte einkochen. Mit Aceto balsamico, Salz, Pfeffer abschmecken. Über die Schnitzel geben. Dazu passt Ciabattabrot.

3. VARIATION: MARINIERT UND GEGRILLT

Je 1 grüne und rote Chili mit einigen Samen fein hacken. Mit 2 TL Orangenzesten, 2 EL Orangensaft und 1 kräftigen Prise gemahlenem Koriander verrühren. 2 Knoblauchzehen dazupressen. 4 EL Öl untermischen. 4 Kalbsschnitzel plattieren, halbieren, mit Marinade bestreichen, abgedeckt 1 Std. durchziehen lassen. Marinade großzügig abstreifen, Schnitzel salzen und in zwei Portionen in je 2 TL Öl in einer heißen Grillbratpfanne auf jeder Seite 1–2 Min. grillen, dabei leicht andrücken. Dazu passt grüner Salat.

4. VARIATION: GEFÜLLT UND PANIERT

200 g Mozzarella in dünne Scheiben schneiden, trockentupfen. 4 Kalbsschnitzel plattieren, ebenfalls trockentupfen. Mit Basilikumblättchen und je 2 Scheiben Südtiroler Speck (insgesamt 80 g) belegen. Schnitzel zur Hälfte mit Käse belegen, zusammenklappen, mit Hölzchen zustecken, salzen und pfeffern. In 4 EL Mehl, dann in 2 verklepperten Eiern, zuletzt in 100 g Semmelbröseln wenden. Die Brösel andrücken. Die Schnitzel in 40 g Butterschmalz bei mittlerer Hitze goldgelb braten. Dazu passt Tomatensalat.

SCHMOREN UND OFENBRATEN

»Mal nicht in die (Brat-)Röhre schauen!« ist das Motto dieser Garmethode, denn Schmoren und Braten im Ofen eignen sich am besten für Gerichte, die Sie ruhig eine Zeit lang im Backofen vergessen können. Nicht zuletzt deshalb sind Schmorgerichte so beliebt. Ist der geschlossene Bräter einmal im Ofen verschwunden, können Sie etwas anderes tun. Und eine gute Sauce ergibt sich beim Garen fast von allein. Außerdem lassen sich die Gerichte bestens in großen Mengen zubereiten, von denen sich Reste hervorragend einfrieren und wieder auftauen lassen. Diese Gartechnik ist ganz einfach, denn alles was Sie brauchen, ist Zeit und Geduld. Achten Sie lediglich darauf, dass die Speisen nicht in der Schmorflüssigkeit ertrinken, sondern nur gerade in Flüssigkeit liegen.

Beim Braten im Ofen wird im Gegensatz zum Schmoren offen gebraten. Entstehender Wasserdampf kann gut entweichen, es entstehen auf der Oberfläche des Bratguts viel höhere Temperaturen als beim Schmoren. So kann sich die charakteristische knusprige und gleichzeitig schützende Umhüllung ausbilden. Welchem Genießer läuft nicht das sprichwörtliche Wasser im Mund zusammen, wenn er an krachenden Krustenbraten oder ein saftiges Gemüsegratin unter würzig-knuspriger Hülle denkt?

Nichts für Ungeduldige oder Neugierige:

Schmorgut benötigt **Zeit und einen Deckel.** Und dann: besticht es durch Zartheit sowie **hocharomatischen** Geschmack.

KOHLRABI

Leider gerät dieses saftig-aromatische Knollengemüse langsam in Vergessenheit! Dabei lockt zarter, knackig frischer Kohlrabi als eines der ersten Gemüse im Frühjahr, und die ausgehöhlte und blanchierte Knolle lässt sich vielseitig füllen und so in Weißwein oder Gemüsebrühe schmoren.

RHEINISCHER SAUERBRATEN

Der klassische Rinderbraten aus der Keule, ein deutsches Nationalgericht, wird vor dem Schmoren mindestens 2 Tage lang in einer Mischung aus Rotwein und Essig mit Zwiebeln, Lorbeer, Wacholder, Piment und Pfeffer mariniert, was das Fleisch unvergleichlich zart werden lässt.

KALBSHAXENSCHEIBEN

Osso buco, also Kalbshaxenscheiben mit Röhrenknochen, sind ein typisch italienisches Schmorgericht. Das Fleisch wird mit Mehl bestäubt, angebraten und im Anschluss daran mit Zwiebeln, Knoblauch, Gemüse sowie etwas Tomatenmark in Weißwein und Kalbsfond oder Brühe geschmort.

RISOTTOREIS

Rundkornreis (z. B. Carnaroli oder Vialone) wird erst in Olivenöl angebraten, bevor er unter häufigem Rühren unter langsamer Zugabe von heißer Brühe geschmort wird. Wichtig: Den Risottoreis vor der Zubereitung nicht waschen, damit die anhaftende Stärke nicht abgespült wird.

Da ist der **Ofen** der richtige Ort zum Braten:

wenn's ein **bisschen mehr** sein soll oder was **Größeres.** Dann braucht man einfach einen extra Gar-Raum … und **etwas Zeit.**

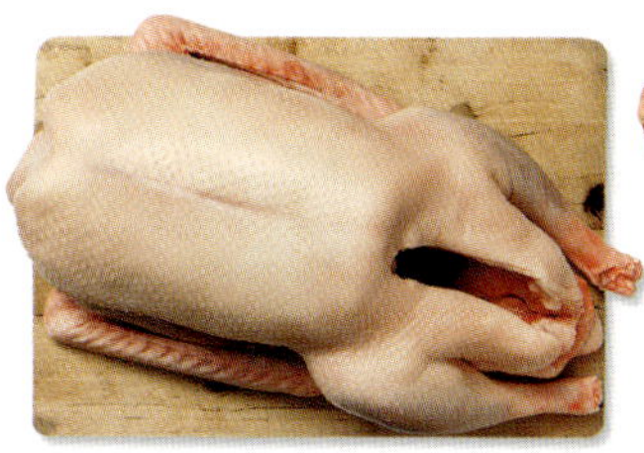

KARTOFFELN

Eine fettarme Alternative zu Pommes frites: ofengegarte Stücke von fest kochenden Kartoffeln (z. B. der Sorte Linda). Die gewaschenen Kartoffeln in gleichmäßige Spalten schneiden und mit Kräutern, Gewürzen und Öl vermischen. Auf einem Blech locker verteilt bei 220 °C 35–40 Min. braten.

DORADE

Der Portionsfisch aus dem Mittelmeer gelangt zu uns aus Zuchtbetrieben. Nach dem Schuppen und Ausnehmen wird er auf beiden Seiten schräg drei Mal eingeschnitten, mit Kräutern, Salz und Pfeffer gewürzt und bei 175 °C auf einem Bett von Paprika, Tomaten und Oliven 30–35 Min. gebraten.

GÄNSEBRATEN

Der klassische Weihnachtsbraten wird mit oder ohne Füllung auf dem Rost über der Fettpfanne des Backofens gebraten. In der Fettpfanne schmort Röstgemüse mit, hieraus wird später die Sauce gemacht. Schmorfond am besten mit einem Entfettungskännchen (siehe Seite 63) entfetten.

FILETBRATEN

Rinderfilet im Ganzen wird herrlich rosa, zart und saftig im Ofen, wenn schnell und bei hohen Temperaturen gebraten wird. Damit das Fleisch nicht zu stark röstet, kann es mit Speck umwickelt (bardiert) werden. Nach dem Braten in Folie gewickelt ruhen lassen, so verteilt sich der Fleischsaft.

Schmoren und Langzeitbraten (Braten im Ofen) sind in einem Kapitel zusammengefasst, weil beide **Langzeit-Gartechniken** sind. Eigentlich gehören sie verschiedenen Garfamilien an: **Schmoren** ist wegen des geschlossenen Topfs eine **Kombination** von trockenem und feuchtem Garverfahren, Langzeitbraten geschieht **offen** und zählt zu den **trockenen Gartechniken.**

Geschmacksintensives Fleisch in einem Bett von aromatischen Zutaten, allesamt von etwas robusterer Struktur – ideal für ein langsam im Ofen vor sich hin garendes Bratengericht.

Das passiert beim Schmoren

Vom Prinzip her funktioniert Schmoren wie Dünsten, nur geht es hier etwas heftiger zur Sache: Das Gargut wird zunächst bei hohen Temperaturen (160–200 °C) angebraten. Dabei verändern sich verschiedene Inhaltsstoffe: Ab 120 °C kommt es in den Randschichten zwischen enthaltenen bzw. durch Stärkeabbau entstandenen Zuckern und Eiweißstoffen zur so genannten Maillard-Reaktion. D. h. es entstehen Verbindungen von bräunlicher Farbe: die geschmacksbildenden Röststoffe. So bildet sich die leckere Kruste um das Gargut, die im Weiteren dafür sorgt, dass möglichst wenig Fleischsaft bzw. Wasser austritt.

Nach dem Anbraten wird mit Flüssigkeit abgelöscht, und es beginnt das eigentliche Schmoren bei Temperaturen am Siedepunkt von Wasser (also um 100 °C) in Flüssigkeit und dem daraus entstehenden Dampf. Nun können gelöste Geschmacksstoffe aus der Schmorflüssigkeit in das bereits weiche Fleisch eindringen. Bei durchwachsenem Fleisch wandeln sich ab etwa 80 °C die weißen, harten Bindegewebsfasern nach und nach zur viel weicheren durchsichtigen Gelatine um. Sie nehmen mit Wasser auch gelöste Röstaromen auf. Hierdurch wird Fleisch leichter verdaulich und schmackhafter. Der Gehalt an hitzeempfindlichen Vitaminen verringert sich bei dieser Langzeit-Gartechnik zwar erheblich. Zu Auslaugverlusten kommt es jedoch beim Schmoren kaum, zum einen wegen der schützenden Kruste rund um das Gargut, und zum anderen, weil ausgeschwemmte Stoffe in der als Sauce servierten Schmorflüssigkeit mitverzehrt werden.

Exkurs – Sanft geschmort heißt poêliert: Poêlieren ist ein feuchter Garprozess, der im Backofen stattfindet und zwischen Dünsten und Schmoren steht. In der klassischen französischen Küche ist dies die Methode der Wahl, um köstliches Hähnchen aus dem Ofen zu garen. Hierbei erhält das Hähnchen eine leichte, goldgelbe bis hellbraune Farbe. Dieses geschieht entweder dadurch, dass das Hähnchen zu zwei Dritteln seiner Garzeit zugedeckt im eigenen Saft bei 160 °C im Backofen dünstet und anschließend offen zu Ende gart, wobei es häufig mit Dünstfond beschöpft wird. Oder das Hähnchen wird bei milder Hitze in Butter offen goldgelb angedünstet und anschließend zugedeckt im eigenen Saft fertig geschmort.

Das passiert beim Ofenbraten

Beim Braten im Ofen handelt es sich um ein trockenes Garverfahren – ohne Wasser. Die Wärme wird hier durch direkten Kontakt auf das Gargut übertragen, z. B. über die heiße Fettpfanne, an den Seiten und oben durch die heiße Ofenluft sowie durch abstrahlende Hitze von den Backofenwänden. Bei dieser Garmethode wird das Gargut in wenig Fett im offenen Gefäß gebräunt und angegart – entweder in einem Bräter oder in der Fettpfanne des Backofens. Auch das Bratfett überträgt zu einem gewissen Teil Wärme. Tipp: Eine schöne braune Kruste lässt sich nur erzielen, wenn das Bratgut vor dem Anbraten gut trockengetupft wird. Anhaftendes Wasser auf der Oberfläche würde verhindern, dass sich eine Kruste ausbildet, weil Feuchtigkeit die Temperatur des Bratfetts senkt. Zum Braten im Ofen eignen sich große bindegewebsarme Fleischstücke, z. B. Roastbeef, Lammkeule oder Wildbraten und großes Geflügel wie Gans oder Ente.

Exkurs – Niedertemperaturgaren: Einen zarten Braten von Kalb, Rind, Schwein, Lamm, Wild oder Geflügel auf den Punkt zu garen, ist mit dieser Methode ganz einfach. Das zimmerwarme, gewürzte Fleisch wird in wenig Öl rundherum angebraten, damit sich rundum eine schützende, schmackhaft-braune Kruste bildet. Anschließend wird der Braten auf einer vorgewärmten ofenfesten Platte bei 80–90 °C im Backofen gegart. Das kann je nach Dicke des Bratens mehrere Stunden dauern, und dabei zirkuliert der Fleischsaft durch den langsamen Garprozess gemächlich im ganzen Stück und verteilt sich gleichmäßig – der Braten wird wunderbar zart und herrlich saftig.

Schmor-**Klassiker Kohlrouladen:** kräftig angebraten, mit würziger Brühe abgelöscht und im Ofen zugedeckt **weich geschmort.**

Außen knusprig zart, **innen petersilienfrisch:** Ganzes Geflügel ist wie gemacht für das gemächliche Garen im Ofenrohr.

So geht Schmoren

Zum Schmoren eignet sich besonders Fleisch mit hohem Bindegewebsanteil. Das sind meist preiswertere Stücke wie Keule, Brust oder Hals. Bindegewebsarme Fleischteile wie Roastbeef oder Filet würden faserig und trocken. Auch aus portioniertem Fleisch lassen sich herrliche Gerichte schmoren (z. B. Gulasch). Geeignet sind auch festfleischige Fischarten wie Lachs, Steinbutt oder Karpfen, die im Ganzen oder an der Gräte (z. B. Lachskoteletts) geschmort werden können. Damit sie nicht trocken werden, muss man die Fische allerdings regelmäßig mit Flüssigkeit beschöpfen. Klassische Beispiele für geschmorte Gemüsegerichte sind Kohlrouladen oder orientalische Tajines. Schmoren verstärkt den Eigengeschmack von Gemüse und bietet sich besonders für gefüllte Gemüse an.

Schmoren können Sie sowohl auf dem Herd, als auch im Backofen. Auf dem Herd gelangt die Hitze nur vom Topfboden an das Gargut, während sie beim Schmoren im Backofen (ideal: 180–200 °C) von allen Seiten auf den Topf einwirkt. So schmort das Gargut im Ofen gleichmäßiger, und nichts brennt an.

Bevor Sie Fleisch schmoren, lassen Sie es Zimmerwärme annehmen. Das schützt vor einem Temperaturschock, und das Fleisch schmort gleichmäßiger. Dann das Fleisch trockentupfen und rundum würzen. Den Bräter trocken erhitzen, Öl, Schmalz oder Butterschmalz zugeben. Darin das Fleisch rundum braun anbraten – rasch, damit nichts verbrennt und das Fleisch innen saftig bleibt.

Gut zu wissen: Größere Mengen Fleisch wie Gulasch oder Rouladen immer portionsweise im heißen Fett anbraten, nur so kann sich die schmackhafte braune Kruste um das Fleisch bilden. Ist die Fleischmenge zu groß, kühlen Bräter und Bratfett zu stark ab, Fleischsaft tritt aus und aus dem Anbraten wird ein Kochen.

Nach dem Anbraten können Sie klein geschnittene Zwiebeln und Suppengrün in den Bräter geben und im Bratfett kurz anrösten. Dann mit heißer Flüssigkeit – Brühe oder Wein – ablöschen, um den Garvorgang nicht zu unterbrechen. Angesetzte Röststoffe werden damit gelöst und geben der Sauce Aroma. Lassen Sie diese Flüssigkeit fast ganz einkochen, bevor Sie weitere zugeben und zugedeckt bei milder Hitze weiterschmoren, das gibt noch mehr Röststoffe und Aroma. Bei großen Fleischstücken setzt sich das Braten (trockenes Rösten) in dem Teil fort, der keinen Kontakt zur Flüssigkeit hat. Damit er gleichmäßig gart, muss der Schmorbraten darum öfter gewendet werden. Ist zu viel Flüssigkeit verdunstet, muss diese ersetzt werden.

Den fertig geschmorten Braten in Alufolie gewickelt kurz ruhen lassen (siehe rechts »Gut zu wissen«). Schmorfond durch ein Sieb passieren, im Bräter anhaftende Röststoffe mit Brühe und einem Pinsel lösen und zur Sauce passieren. Die Sauce entfetten, nach Belieben würzen, binden.

So geht Ofenbraten

Braten im Ofen ist das Garverfahren der Wahl für einen richtigen Sonntagsbraten. Auch hier das Fleischstück vor dem Garen Raumtemperatur annehmen lassen. Um eine braune Kruste zu bekommen, muss das trockengetupfte und gewürzte Fleisch von allen Seiten im heißen Fett angebraten werden. Im Bräter kann dieses sowohl auf dem Herd, als auch im Backofen erfolgen. Gerade bei dieser Gartechnik ist die Auswahl der Größe des Bratgeschirrs wichtig. Sie soll der Größe des Bratguts entsprechen, denn unbedeckte Bodenfläche überhitzt schnell und der Bratensatz verbrennt. Das Anbraten von sehr großen Bratenstücken in der Fettpfanne des Backofens geschieht bei 220–250 °C. Hierzu zunächst die trockene Fettpfanne im vorgeheizten Backofen erhitzen. Erst etwas Öl in die Fettpfanne geben, das Fleisch darauf setzen und gleichmäßig mit heißem Öl übergießen. Nun die Backofentemperatur auf 160–180 °C reduzieren und den Braten fertig braten. Praktisch ist hierbei ein Bratenthermometer (siehe auch Seite 63), das in den Braten gesteckt wird und die Fleischinnentemperatur anzeigt.

Ganzes Geflügel (z. B. Hähnchen, Ente, Gans) kann man im Backofen besonders gut braten. Die Haut wird knusprig und das Fleisch zart, denn durch den Bratvorgang schmilzt das Fett unter der Haut und das Fleisch erhält einen vollen Geschmack. Auch ganze Fische (z. B. Dorade oder Wolfsbarsch) lassen sich im Ganzen im Ofen braten. Die geschuppten Fische mehrfach auf beiden Seiten einschneiden, würzen und anschließend auf ein Bett von vorgegartem Gemüse legen. Die Fische mit mäßig heißem Öl begießen und im Ofen fertig braten.

Gut zu wissen: Ein fertig gegarter Braten, der direkt aus dem Ofen kommt, enthält in seinen Randbereichen weniger Fleischsaft als im Inneren. Um dieses Ungleichgewicht auszugleichen, wickelt man den Braten fest in Alufolie und lässt ihn etwa 10 Min. außerhalb des Ofens ruhen. In dieser Zeit verteilt sich der Saft im ganzen Braten. Das Fleisch wird fester und lässt sich gut portionieren. Wichtig: Fleisch immer quer zur Faser aufschneiden, so wird der Fleischsaft gut zwischen den angeschnittenen Fasern gehalten.

Exkurs – Langzeitbraten ohne Fett: In hitzebeständiger Kunststoff-Bratfolie können Sie ohne Fettzugabe schonend bräunen und garen. Hierbei wird mittels Strahlungswärme, die von der Folie ungehindert durchgelassen wird, Fleisch, Geflügel, Fisch und Gemüse gebräunt und bewahrt gleichzeitig seinen Eigengeschmack. Das Gargut wird in die Kunststofffolie gepackt und fest verschlossen. Damit die Folie im Ofen nicht platzt, wird sie etwas eingeschnitten. Das Garen in Folie hat den Vorteil, dass kaum Auslaugverluste stattfinden, das Gargut ausgesprochen aromatisch wird und an Salz gespart werden kann.

Hier dürfen sie **lange Zeit** schmoren: der **Braten** in der Reine, die Rouladen **im Schmortopf.** Was immer **wieder** für diese Garmethode spricht:

OFENPFANNE/BRATREINE

Die Ofenpfanne mit Tiefgang ist besonders gut geeignet für große Braten. Ideal, wenn Sie neben einem Braten noch Gemüse für die Sauce mitbraten möchten. Beides bleibt schön saftig, weil die Pfanne tiefer und nur halb so breit ist wie ein normales Backblech.

ENTFETTUNGSKÄNNCHEN

Unentbehrlicher Küchenhelfer für Gänse- oder Entenbraten oder andere Schmorgerichte mit fettreichen Zutaten: Gelösten Bratensatz ins Kännchen gießen, nach kurzer Zeit steigt das Fett nach oben. Da die Tülle ganz unten ansetzt, kann nun Bratensauce einfach abgegossen werden, das Fett verbleibt im Kännchen. Sehr praktisch: Kännchen mit Mengenskala.

BRATENTHERMOMETER

Wer wissen möchte, ob der Braten gar ist, schmort mit einem Bratenthermometer. 15 Min. vor Ende der Garzeit in die Mitte der dicksten Stelle in den Braten gesteckt, zeigt das Thermometer die Kerntemperatur im Fleisch an. Präzise Messergebnisse liefern Digitalthermometer, preiswert – und für Hobbyköche absolut ausreichend – sind analoge Modelle.

ROULADENNADELN/ HOLZSPIESSCHEN

Die Piekser sind kleine, aber sehr sinnvolle Schmorbraten-Helfer aus Metall bzw. Holz. Mit ihnen können Sie z. B. aufgerolltes Rouladenfleisch fixieren oder die Öffnungen von gefülltem Geflügel verschließen. Durch die Ösen der Rouladennadeln kann Küchengarn gezogen werden, mit dem man Öffnungen fest zunäht.

BRÄTER/SCHMORTOPF

Wichtig ist, dass der Topf die richtige Größe für das Schmorgericht hat und die Wärme gut weitergibt. Gute Wärmeleiter sind (emailliertes) Gusseisen, Aluminiumguss und Stahlemail. Unverzichtbar ist außerdem ein fest schließender Deckel, der verhindert, dass zu viel Flüssigkeit verdampft.

Da kocht sich **die Sauce** quasi von alleine. Und mit dem Pürierstab **gemixt,** bindet sie sogar ohne weiteres **Zutun.** Was kleine Geräte so **alles können!**

TONTOPF

Perfekt, um schonend und fettarm zu schmoren. Der Topf muss vor dem Garen gewässert werden. Das in die Poren der Tonwand aufgenommene Wasser verdampft, sobald das Gefäß heiß wird, kondensiert am Deckel und tropft zurück. Den Topf immer in den kalten Backofen stellen, erst dann aufheizen, sonst springt er. Zum Bräunen die letzten 20 Min. ohne Deckel braten.

SPITZSIEBE

Gute Siebe für gute Saucen! Für klare Saucen: ein feinmaschiges Spitzsieb, um Fleischreste, Gemüse und Gewürze auszusieben. Für cremige Saucen: ein grobmaschiges Spitzsieb, um Bratensaft samt mitgeschmortem Gemüse zu passieren. Praktisches Zubehör: Holzstößel!

MESSBECHER

Sei es, um maßgenau Flüssigkeiten zu einem Braten zu gießen oder um flugs den Reis für die Füllung von Schmorgemüse abzumessen: Behälter mit Maßskala sind einfach praktisch. Ganz neu: ein Becher, bei dem die Flüssigkeitsmenge in Schräglage, also während des Ausgießens abgelesen werden kann.

PINSEL

Hiermit werden z. B. Keulen bepinselt oder Bratensatz von Gargut oder Gargeschirr gelöst: mit dem Küchenpinsel einfach etwas Flüssigkeit auftragen. Klassische Naturborstenpinsel müssen relativ häufig erneuert werden. Modelle mit Silikonborsten sind langlebiger, sie halten Temperaturen bis 300 °C aus und lassen sich einfach reinigen. Prima Helfer auch beim Grillen.

PÜRIERSTAB (STABMIXER)

Wegen seiner vielfältigen Einsatzmöglichkeiten, z. B. um Mayonnaise aufzuschlagen, Cremesuppen aufzuschäumen oder Pesto zu mixen, wird er auch Zauberstab genannt. Mit ihm püriert man u. a. direkt im Bratgeschirr aus dem Bratenfond samt mitgeschmortem Gemüse eine wunderbar würzige Sauce, die nach keiner weiteren Bindung verlangt.

Sie denken bei Schmorgerichten auch sofort an die leckere Sauce? Aber womit sie aufnehmen, wenn im Rezept keine Beilage angegeben ist? Auf diesen Seiten finden Sie fünf besondere Beilagen-Ideen, die auch zu nicht geschmorten Speisen passen …

Davon können Sie ruhig mehr rollen: Übrige Brezelknödel einfach vierteln und rundum kross braten – allerleckerst!

Brezelknödel

Passt natürlich zu bayerischem Schweinebraten, aber auch zu Pilzgulasch.

1 Zwiebel
20 g Butterschmalz
120 ml Milch
200 g Laugenstangen vom Vortag
1 Bund Petersilie | 2 Eier
1/2 TL Backpulver
frisch geriebene Muskatnuss
Salz | Pfeffer aus der Mühle

Zwiebel schälen, fein würfeln und im Butterschmalz hellbraun anbraten, mit Milch ablöschen. Mit den klein gewürfelten Laugenstangen mischen. Petersilie waschen, trockenschütteln und die Blätter hacken. Mit Eiern, Backpulver, Muskat, Salz und Pfeffer zu den Brotwürfeln geben. Zu einem glatten Teig verkneten. Mit nassen Händen 8 Knödel formen und in siedendem Salzwasser in 20 Min. gar ziehen lassen.

Süßkartoffel-Kartoffel-Püree

Das etwas andere Püree ist nicht nur in Amerika beliebt. Dort ist es die klassische Beilage zum Truthahn.

500 g mehlig kochende Kartoffeln
500 g orange Süßkartoffeln | Salz
150 ml Milch
50 g Butter
gemahlene Muskatblüte (Macis)

Kartoffeln und Süßkartoffeln schälen, in Salzwasser 20 Min. kochen lassen. Milch erwärmen. Kartoffeln abgießen, kurz abdämpfen lassen und zwei Mal durch die Kartoffelpresse treiben. Milch mit einem Löffel unterrühren, Butter im Püree schmelzen lassen, mit Macis und eventuell Salz abschmecken.

Cremige Polenta

Diese Polenta erobert ihre Freunde mit einem cremigen Schmelz, den sie durch häufiges Umrühren und den Mascarpone erhält …

150 g Maisgrieß (Polenta)
Salz
100 g Mascarpone

Grieß und Salz mischen. 500 ml Wasser aufkochen und vom Herd nehmen. Grieß unter Rühren mit einem Löffel einrieseln lassen. Bei kleinster Hitze unter gelegentlichem Rühren 15 Min. quellen lassen. Mascarpone unterrühren und die Polenta eventuell nachsalzen. Passt zu kräftigen Braten und zu grober Bratwurst.

Kartoffelgnocchi

Die Kartoffelknödelchen aus dem Piemont schmecken am besten selbst gemacht, etwa zu ofengeschmorten Tomaten mit Basilikum.

500 g kleine mehlig kochende Kartoffeln
Salz
120–140 g Mehl

Kartoffeln in Salzwasser 20 Min. kochen lassen, abgießen, pellen und im heißen Backofen bei 150 °C 10 Min. abdämpfen lassen. Durch die Presse in eine Schüssel treiben, 1 TL Salz zugeben. Esslöffelweise Mehl unterarbeiten, der Teig darf nicht kleben. Auf bemehlter Fläche zu 1 cm dicken Rollen formen, in 2 cm lange Stücke teilen, mit einer bemehlten Gabel flach drücken. Portionsweise in Salzwasser 3–5 Min. kochen lassen.

Pisarei – italienische Mehlklößchen

Diese Miniklöße aus der Lombardei lassen sich prima vorbereiten, vorkochen und bei Bedarf in Butter braten.

200 g Mehl
100 g feine Semmelbrösel
Salz

Mehl, Semmelbrösel und 1/2 TL Salz mischen und in eine Schüssel sieben. Nach und nach 150–200 ml Wasser unterkneten, der Teig darf zuletzt nicht mehr kleben. Auf bemehlter Fläche zu bleistiftdünnen Rollen formen, in 1 cm lange Stücke teilen und portionsweise in Salzwasser 3–5 Min. bissfest kochen. Die Mehlklößchen herausheben und gut abtropfen lassen. Passen zu Schmorbraten mit Rotweinsauce.

Geliebtes **gewickeltes** Genießerpäckchen – mit **fünf** ganz verschiedenen feinen **Füllungen.**

Rouladen – besonders einfach und vier Mal anders

ZUBEREITUNGSZEIT: CA. 3 STD.
FÜR 4 PERSONEN

GRUNDREZEPT

300 g Gemüsezwiebel
4 Rinderrouladen à 150 g
Salz | Pfeffer aus der Mühle
4 TL scharfer Senf
80 g durchwachsener Speck, fein gewürfelt
80 g Gewürzgurken, fein gewürfelt
250 g Suppengrün
3 EL Öl | 2 EL Tomatenmark
200 ml Rotwein | 400 ml Fleischbrühe
1 EL Speisestärke
Rouladennadeln

Zwiebel schälen, fein würfeln. Rouladen zwischen Klarsichtfolie flach klopfen. Beidseitig salzen und pfeffern, mit je 1 TL Senf bestreichen, dabei 1 cm Rand frei lassen. Speck-, Gurken- sowie je 1 EL Zwiebelwürfel darauf geben. Längsränder auf die Füllung klappen. Rouladen von einer kurzen Seite her fest aufrollen. Mit den Nadeln fixieren.

Das Suppengrün putzen bzw. schälen, klein würfeln. Öl in einem Schmortopf erhitzen, Rouladen darin bei starker Hitze rundherum braun anbraten. Herausheben. Suppengrün, restliche Zwiebeln und Tomatenmark im Bratfett kurz anbraten. Wein zugeben, fast vollständig einkochen lassen. Rouladen und 150 ml Brühe zugeben. Zugedeckt bei mittlerer Hitze 1 1/2–2 Std. schmoren. Nach und nach restliche Brühe zugeben, Rouladen dabei wenden.

Rouladen herausheben, warm stellen. Gemüse in der Sauce fein pürieren. Stärke mit wenig kaltem Wasser verrühren, unter Rühren in der Sauce aufkochen.

1. VARIATION: NOCHMALS HEIMISCH VARIIERT

200 g Möhren schälen und raspeln, 80 g gekochten Schinken würfeln. Vorbereitete Rouladen (Grundrezept) mit je 2 TL geriebenem Meerrettich (Glas) bestreichen, Möhren und Schinken darauf streuen. Rouladen aufrollen. Wie beschrieben schmoren, herausheben, warm stellen (Grundrezept). Sauce durch ein Sieb in einen sauberen Topf passieren, mit 150 g Crème fraîche verrühren, aufkochen und abschmecken. Eventuell mit etwas Stärke binden.

2. VARIATION: MEDITERRAN INSPIRIERT

200 g Zucchini fein würfeln, 2 EL Rosmarinnadeln hacken. Gemüsezwiebel wie im Grundrezept vorbereiten. Zucchini, Rosmarin und 4 EL Zwiebelwürfel mischen. Vorbereitete Rouladen (Grundrezept) mit je 2 TL Tomatenpesto (Glas) bestreichen. Zucchinimischung aufstreuen. Rouladen aufrollen. Wie im Grundrezept schmoren, warm stellen. Gemüse in der Sauce fein pürieren. Stärke mit wenig Wasser verrühren, unter Rühren in der Sauce aufkochen.

3. VARIATION: NORDITALIENISCH INSPIRIERT

30 g Pinienkerne in einer Pfanne ohne Fett rösten und hacken. 120 g Fontina raspeln. Vorbereitete Rouladen (Grundrezept) mit je 2 TL Pesto (Glas) bestreichen und mit je 2 Scheiben Südtiroler Speck (insgesamt 80 g) belegen, Käse und Pinienkerne darauf streuen. Rouladen aufrollen. Wie beschrieben schmoren, herausheben, warm stellen (Grundrezept). Sauce durch ein Sieb in einen Topf passieren, mit 150 g Crème fraîche verrühren, aufkochen, abschmecken. Eventuell mit angerührter Stärke binden.

4. VARIATION: MEXIKANISCH INSPIRIERT

Gemüsezwiebel wie im Grundrezept vorbereiten. 1/2 rote Paprika putzen, würfeln, mit 4 EL Zwiebelwürfeln und 80 g Maiskörnern (Dose) mischen. Je 4 TL Ketchup und Senf verrühren. Vorbereitete Rouladen (Grundrezept) damit bestreichen, mit je 2 Scheiben Bacon (insgesamt 120 g) belegen. Zwiebelmischung darauf streuen. Rouladen aufrollen. Wie beschrieben schmoren, herausheben, warm stellen. Sauce durch ein Sieb in einen Topf passieren, mit Ketchup abschmecken. Mit angerührter Stärke binden.

du MOULIN à VENT
DE VENSAC - 33

REZEPTE

Sie fragen: »Was haben Salate mit Garmethoden zu tun?« – Sehr viel! Denn von Braten und Grillen bis zu Kochen und Blanchieren kommt hier alles zum Einsatz. Um knackig frischem Blattsalat das knusprige Etwas zu verpassen. Oder um rohe Pasta in Nudeln mit Biss zu verwandeln. Oder, oder, oder … Und dass bei sämig-feinen Suppen und deftig-kräftigen Eintöpfen gekocht und geschmort wird, was das Zeug hält, versteht sich fast von selbst – also ran an den Herd, fertig, los!

SALATE & SUPPEN

Salade niçoise mit gegrilltem Tunfisch

Im Salat oder auf der Pizza kennt man Tunfisch meist aus der Dose »im eigenen Saft« oder »in Öl«. Probieren Sie diese Variante mit gegrillten Streifen von frischem Tunfisch.

ZUBEREITUNGSZEIT: CA. 1 STD.
PRO PORTION: CA. 425 KCAL
FÜR 4 PERSONEN

300 g kleine neue Kartoffeln
Salz | 200 g grüne Bohnen
1 gelbe Paprikaschote
250 g kleine Strauchtomaten
1 Minigurke | 1 Zwiebel
6 Sardellenfilets (aus dem Glas)
3 EL Weißweinessig
4 EL Olivenöl
2 TL schwarze Olivenpaste (Tapenade)
1 Knoblauchzehe
Pfeffer aus der Mühle
4 Zweige Basilikum | 3 Eier
2 Tunfischsteaks (300 g)
1–2 EL Sojasauce
60 g schwarze Oliven (mit Stein)

1 Kartoffeln gründlich waschen und bürsten. In Salzwasser zugedeckt aufkochen und bei kleiner Hitze 20 Min. kochen lassen. Bohnen putzen und in Salzwasser 6–8 Min. bissfest blanchieren, abgießen, in kaltem Wasser abschrecken und sehr gut abtropfen lassen.

2 Paprika waschen, putzen und vierteln. Trennwände und Samen entfernen, Fruchtfleisch in 1/2 cm dicke Streifen schneiden. Tomaten waschen, achteln, dabei den Stielansatz entfernen. Minigurke waschen, streifig schälen und in dünne Scheiben schneiden. Zwiebel schälen und in sehr feine Ringe schneiden. Bohnen in mundgerechte Stücke schneiden. Kartoffeln abgießen und halbieren.

3 Sardellen fein hacken. In einer Schüssel mit Essig, 2 EL Wasser, 3 EL Olivenöl und Tapenade verrühren. Knoblauch schälen und dazupressen, salzen und pfeffern. Mit Kartoffeln, Bohnen, Gurken, Tomaten und Paprika mischen. Basilikumblättchen quer in Streifen schneiden und mit den Zwiebelringen unterheben.

4 Eier anstechen, in kochendes Wasser geben und in 8–10 Min. hart kochen, abschrecken und pellen. Tunfisch trockentupfen, rundherum mit Sojasauce bestreichen und pfeffern. Eine Grillbratpfanne erhitzen und 1 EL Öl darin verlaufen lassen. Tunfisch auf jeder Seite 1 Min. grillen. Den Fisch in Streifen schneiden. Eier vierteln. Salat mit Tunfischstreifen, Eiern und Oliven anrichten.

Gemüse-Antipasti

Der bunte Teller lässt sich hervorragend vorbereiten und ist ein passender **Auftakt für ein italienisches Menü.** Ergänzt mit feinen Scheiben von **Salami und Schinken** sowie ein paar Oliven wird daraus schnell ein Hauptgericht.

ZUBEREITUNGSZEIT: CA. 1 STD. 30 MIN.
PRO PORTION: CA. 395 KCAL
FÜR 4 PERSONEN

STAUDENSELLERIE MIT ROSINEN UND SARDELLEN

6 Stangen Staudensellerie (350 g)
Salz
20 g Rosinen
2–3 Sardellenfilets (aus dem Glas)
Pfeffer aus der Mühle
3 EL Zitronensaft
3 EL kaltgepresstes Olivenöl

WEISSE BOHNEN MIT GEBRATENEM SALBEI

1 Dose weiße Bohnen (425 g Füllmenge)
1–2 Knoblauchzehen
12 Salbeiblätter
4 EL kaltgepresstes Olivenöl
4 EL Gemüsebrühe
3 EL Aceto balsamico
Zucker
Salz | Pfeffer aus der Mühle

GEGRILLTE PAPRIKASCHOTEN MIT THYMIAN

je 2 rote und gelbe Paprikaschoten
8 Zweige Thymian
1 TL abgeriebene Zitronenschale
Salz | Pfeffer aus der Mühle
3 EL weißer Aceto balsamico
4 EL kaltgepresstes Olivenöl

MARINIERTE KIRSCHTOMATEN MIT MOZZARELLA

300 g Kirschtomaten
3 EL weißer Aceto balsamico
Salz | Pfeffer aus der Mühle
3 EL kaltgepresstes Olivenöl
125 g Mozzarellakugeln
3 Zweige Basilikum

1 Für das Staudensellerie-Antipasto Selleriestangen waschen, putzen, eventuell entfädeln (siehe das Bild auf Seite 140), die Blätter beiseite legen. Selleriestangen in 1/2 cm dicke Scheiben schneiden, in kochendem Salzwasser 1–2 Min. bissfest blanchieren, abgießen, abschrecken und sehr gut abtropfen lassen. Rosinen in einem Sieb mit heißem Wasser abspülen. Sardellen in einer Schüssel mit einer Gabel zerdrücken, pfeffern und mit Zitronensaft und Olivenöl verrühren. Sellerieblätter hacken und mit Rosinen und Selleriescheiben untermischen. Mindestens 1 Std. marinieren.

2 Für das Bohnen-Antipasto die Bohnenkerne in einem Sieb abspülen und abtropfen lassen. Knoblauch schälen und in feine Scheiben schneiden oder hobeln. Die Salbeiblätter quer in dünne Streifen schneiden. Olivenöl in einer Pfanne erhitzen, Knoblauch und Salbei darin bei mittlerer Hitze braten, bis der Salbei knusprig ist. Die Pfanne vom Herd nehmen, Brühe und Aceto balsamico zugeben und kräftig mit 1 Prise Zucker, Salz und Pfeffer würzen. Mit den Bohnen mischen und mindestens 1 Std. marinieren.

3 Für das Paprika-Antipasto Paprikaschoten putzen und längs vierteln. Trennwände und Kerne entfernen, die Viertel mit dem Handballen flach drücken. Mit der Hautseite nach oben auf ein Backblech legen und unter dem vorgeheizten Backofengrill rösten, bis die Paprikahaut schwarz wird und Blasen wirft. Paprika in einen Gefrierbeutel geben und 10 Min. schwitzen lassen. Inzwischen den Thymian waschen, trockenschütteln, die Blättchen abzupfen. Zitronenschale, Salz, Pfeffer und Aceto balsamico verrühren. Öl unterschlagen, Thymian untermischen. Schwarze Paprikahaut abziehen, Paprikaviertel in Streifen schneiden und in der Marinade mindestens 1 Std. durchziehen lassen.

4 Für das Tomaten-Mozzarella-Antipasto die Kirschtomaten auf der runden Seite einschneiden und in kochendem Wasser 30 Sek. blanchieren. Eiskalt abschrecken, einzeln herausheben und häuten. Aceto balsamico, Salz, Pfeffer und Olivenöl verrühren und mit den Kirschtomaten mischen. Mozzarella trockentupfen, vierteln und untermischen. Basilikumblättchen in Streifen schneiden und unterheben. Vor dem Servieren mindestens 1 Std. marinieren.

Erst heiß, dann kalt – und **Aroma pur:** *Für mich ist der italienische Gemüseteller »das« Großstadt-* **Balkon-Essen im** *Hochsommer. Denn während Sellerie, Bohnen, Paprika und Co. in der würzigen Marinade baden, bleibt Zeit* **für eine erfrischende** *Dusche.*

Marinierte Linsen mit Artischockenherzen

Der robuste Salat kann **prima vorbereitet und vielfach variiert** werden. Ergänzen Sie ihn mit mariniertem Feta, Serranoschinken oder auch Räucherlachs. Am Vorabend zubereitet, sind die Linsen auch eine **pfiffige Büromahlzeit.**

ZUBEREITUNGSZEIT: CA. 1 STD.
MARINIERZEIT: MIND. 1 STD.
PRO PORTION: CA. 305 KCAL
FÜR 4 PERSONEN

150 g Champagnerlinsen (oder kleine braune Linsen)
3 Knoblauchzehen
4 Zweige Thymian
2 Lorbeerblätter
150 g Möhren
120 g Staudensellerie
2 Schalotten
6 eingelegte Artischockenherzen (300 g)
1 große rote Paprikaschote
1 Zucchino (250 g)
6 EL Olivenöl
Salz | Pfeffer aus der Mühle
4 EL Sherryessig (oder Obstessig)

AUSSERDEM

1 großer Gefrierbeutel

1 Die Linsen in einem Sieb abspülen. 2 Knoblauchzehen ungeschält mit der breiten Seite eines großen Messers andrücken. Mit Linsen, Thymian, Lorbeer und 650 ml kaltem Wasser in einen Topf geben. Offen aufkochen und zugedeckt bei kleiner Hitze 20 Min. kochen lassen.

2 Inzwischen die Möhren putzen, schälen und in 1/2 cm große Würfel schneiden. Den Staudensellerie waschen, putzen, eventuell entfädeln (siehe das Bild auf Seite 140) und ebenso würfeln. Schalotten schälen und fein würfeln. Unter die Linsen mischen, aufkochen und zugedeckt bei kleiner Hitze für weitere 20 Min. kochen. Artischockenherzen abtropfen lassen.

3 Inzwischen den Backofengrill vorheizen, Paprika putzen, vierteln, Trennwände und Samen entfernen. Paprikaviertel auf einem Blech mit der Hautseite nach oben unter dem heißen Backofengrill grillen, bis die Haut Blasen wirft und schwarz wird. Paprika in einen Gefrierbeutel geben, verschließen und abkühlen lassen. Zucchino waschen, putzen und am besten auf dem Gemüsehobel längs in 1/2 cm dicke Scheiben schneiden. Rundherum mit 1 EL Öl bepinseln, salzen und pfeffern.

4 Eine Grillpfanne erhitzen, 1 EL Öl darin verlaufen lassen und die Zucchinischeiben darin auf beiden Seiten 2 Min. grillen, dabei leicht andrücken. Aus der Pfanne heben und abkühlen lassen. Artischockenherzen halbieren oder vierteln.

5 Sherryessig mit Salz und Pfeffer verrühren. Die übrige Knoblauchzehe dazupressen, restliches Öl untermischen. Thymian, Lorbeer und Knoblauch aus den Linsen entfernen. Die Linsen salzen und mit der Sherryessigsauce mischen. Paprika häuten und quer in fingerdicke Streifen schneiden. Zucchinischeiben jeweils in 4 Teile schneiden und mit Artischockenherzen und Paprika unter die Linsen heben. Mindestens 1 Std. durchziehen lassen. Dazu passt geröstetes Brot.

In der Champagne wachsen nicht nur edle Tropfen, sondern auch kleine, zarte Hülsenfrüchtchen. Die sich wie das perlende Prickelwasser nach standesgemäßen Begleitern sehnen – beispielsweise nach Artischockenherzen und feinsäuerlichem Sherryessig.

Gegrilltes zu Salat – ein Sommerklassiker! Gegrilltes im Salat – **meine Neuentdeckung!** *Was Sie überhaupt nicht daran hindern muss, ein* **saftiges Stück Fleisch** *oder Fisch vom Rost dazuzulegen.*

Paprikasalat mit gegrillten Süßkartoffeln

Aromafestival: Zartsüße Paprikastreifen und karamellisierte Süßkartoffeln werden von leicht bitterem Löwenzahn ergänzt und von einer kräftig nussigen Kürbiskernölsauce umspielt.

ZUBEREITUNGSZEIT: CA. 50 MIN.
PRO PORTION: CA. 430 KCAL
FÜR 4 PERSONEN

2 rote Paprikaschoten
800 g orange Süßkartoffeln
Salz | 8 Zweige Thymian
5 EL Öl (+ Öl für das Blech)
Pfeffer aus der Mühle
1/2 Bund Schnittlauch
2 EL Zitronensaft
3 EL geröstetes Kürbiskernöl
300 g Löwenzahnsalat (oder Frisée)
2 EL Kürbiskerne

AUSSERDEM

1 großer Gefrierbeutel

1 Paprika putzen, vierteln, Trennwände und Samen entfernen. Paprikaviertel mit der Hautseite nach oben auf ein Backblech legen. Mit dem Handballen flach drücken, so dass sie alle etwa gleich hoch sind, und in der obersten Schiene unter dem vorgeheizten Backofengrill grillen, bis die Haut schwarz wird und Blasen wirft. Inzwischen die Süßkartoffeln schälen und quer in 1/2 cm dicke Scheiben schneiden. Paprika in einen Gefrierbeutel geben und darin abkühlen lassen, so lässt sich die Haut dann leichter abziehen.

2 Süßkartoffeln in kochendem Salzwasser 3 Min. blanchieren, abgießen, abschrecken und sehr gut abtropfen lassen. Thymian abbrausen, trockenschütteln, die Blättchen abzupfen und mit 3 EL Öl mischen. Ein Backblech fetten. Süßkartoffeln trockentupfen, rundherum mit Thymianöl bestreichen und auf dem Blech verteilen. Unter dem Grill 3–5 Min. goldbraun grillen, dabei einmal wenden. Süßkartoffeln vom Blech nehmen, salzen und pfeffern.

3 Schnittlauch waschen, trockenschütteln und in Röllchen schneiden. Paprika häuten und längs in Streifen schneiden. Zitronensaft, Salz und Pfeffer verrühren. Das Kürbiskernöl und 2 EL Öl mit einem Rührbesen unterschlagen. Schnittlauch untermischen.

4 Grobe Stiele vom Löwenzahn abschneiden, die Blätter waschen, trockenschleudern und in mundgerechte Stücke rupfen. Vorsichtig mit Süßkartoffeln, Paprika und Schnittlauchsauce mischen. Kürbiskerne in einer Pfanne ohne Fett rösten, bis die Kerne anfangen zu knacken. Kerne über den Salat streuen.

GARVARIANTE: GEDÄMPFTE SÜSSKARTOFFELN
Die geschälten Süßkartoffeln in etwa 2 cm große Würfel schneiden und in einem Dämpfkorb verteilen, dazwischen mit Salz, Pfeffer und Thymianblättchen würzen. Über kochendem Wasser 12–15 Min. dämpfen und abkühlen lassen. Wie beschrieben weiterverwenden.

Bandnudelsalat mit Pfifferlingen, Speck und Mohn

Wer sagt denn, dass Mohn immer nur im Kuchen landen muss? Versuchen Sie sich an dieser Nudelsalat-Kreation mit gebratenen Pfifferlingen, Südtiroler Speck und geröstetem Mohn.

ZUBEREITUNGSZEIT: CA. 1 STD.
MARINIERZEIT: 30 MIN.
PRO PORTION: CA. 850 KCAL
FÜR 4 PERSONEN

10 g getrocknete Steinpilze
350 g Pfifferlinge
1 Bund schlanke Frühlingszwiebeln
2 Knoblauchzehen
6 EL Olivenöl
Salz | Pfeffer aus der Mühle
120 ml trockener Weißwein
500 g frische Fettuccine
(aus dem Kühlregal, oder Bandnudeln)
100 g Südtiroler Speck in Scheiben
1 Bund krause Petersilie
3 EL Mohnsamen
50 g Parmesan, grob geraspelt

1 Steinpilze in 250 ml warmem Wasser einweichen. Inzwischen die Pfifferlinge am besten mit einem Pinsel putzen, große Exemplare längs halbieren. Frühlingszwiebeln waschen, putzen und das Weiße und Hellgrüne schräg in 1/2 cm dicke Ringe schneiden. Knoblauchzehen schälen und fein hacken.

2 Die Steinpilze ausdrücken, das Einweichwasser dabei auffangen, die gesamte Flüssigkeit durch eine Filtertüte geben. Steinpilze fein hacken. 2 EL Öl in einer großen Pfanne erhitzen, Frühlingszwiebeln und Knoblauch darin unter Rühren leicht braun anbraten, herausheben. Pfifferlinge in zwei Portionen in je 2 EL Öl unter Rühren 3 Min. braten. Alle Pfifferlinge, Frühlingszwiebeln und Steinpilze in der Pfanne mischen, salzen und pfeffern. Weißwein und Steinpilzwasser zugeben, aufkochen und alles in eine Schüssel geben.

3 Fettuccine nach Packungsanweisung kochen, abgießen, abschrecken und gut abtropfen lassen. Mit dem Pilzgemüse mischen. Speckscheiben quer in 1 cm breite Streifen schneiden. Petersilie abbrausen, trockenschütteln, die Blättchen abzupfen und hacken. Beides unter die Nudeln heben und 30 Min. marinieren.

4 Mohn in einer Pfanne ohne Fett unter Rühren rösten, bis der Mohn duftet. Nudelsalat eventuell nachwürzen und mit Mohn und Parmesan bestreut anrichten. Sofort servieren.

GARVARIANTE: NUDELOMELETT MIT PILZEN, SPECK UND MOHN
Fettuccine durch 250 g kurze Maccaroni ersetzen und die Nudeln nach Packungsanweisung in Salzwasser kochen, abgießen und abtropfen lassen. Steinpilze und Weißwein weglassen. Frühlingszwiebeln und Pfifferlinge (oder Champignons) wie beschrieben braten und mit Nudeln, Speck, Mohn und Petersilie in der Pfanne mischen, salzen und pfeffern. Parmesan, 4 Eier und 200 g Sahne verrühren und über die Nudeln geben. Zugedeckt bei kleiner bis mittlerer Hitze in 15–20 Min. stocken lassen.

Weder Erbsen noch Mayo noch andere übliche Verdächtige: Der Mix aus aromastarken Südtirolern von Pfifferlingen bis Mohn macht den ungewöhnlichen Nudelsalat zum Gourmetessen. Von wegen Resteverwertung und langweiliges Partyfood!

Sojasauce, **Sesamöl, Chilischoten** *und Mirin – das klingt nicht nur nach Asien,* **sondern schmeckt** *auch ganz danach! Umso mehr, wenn* **sich diese Würzzutaten** *mit zartem Blattspinat und saftiger Hähnchenbrust vereinen.* **Alles in allem** *eine leichte Vorspeise für ein Asia-Menü.*

Spinatsalat mit gegrillter Honig-Hähnchenbrust

Die **süßscharfe Marinade** verleiht der Hähnchenbrust ein tolles Aroma, Limettensaft macht das Fleisch zart. Wer auch den **Salat scharf** mag, kann Streifen einer entkernten **Chilischote unter den Spinat** mischen.

ZUBEREITUNGSZEIT: CA. 45 MIN.
PRO PORTION: CA. 370 KCAL
FÜR 4 PERSONEN

3 Knoblauchzehen
1–2 rote Chilischoten
2 EL flüssiger Honig
4 EL Limettensaft | 5 EL Öl
4 kleine Hähnchenbrustfilets à 150 g
800 g junger Blattspinat
2 EL ungeschälte Sesamsamen
2 EL Sojasauce
2 EL Mirin (aus dem Asia-Laden, oder Sherry Cream)
1 EL geröstetes Sesamöl
Salz | Pfeffer aus der Mühle

1 Knoblauch schälen. Chilischote(n) waschen, längs halbieren, Trennwände und Samen entfernen, das Fruchtfleisch fein hacken. Honig, Limettensaft und 2 EL Öl verrühren. 2 Knoblauchzehen dazupressen, Chili unterrühren. Hähnchenbrustfilet kalt waschen, mit Küchenpapier trockentupfen, rundherum mit der Marinade bestreichen. In einer flachen Schale abgedeckt marinieren, bis der Spinatsalat zubereitet ist. Hähnchenbrüste gelegentlich wenden.

2 Spinat waschen, verlesen und nur von den groben Stielen befreien. Spinat in reichlich kochendem Wasser 30 Sek. blanchieren, abgießen und abschrecken. Abtropfen lassen und in einem Tuch ausdrücken. Den Spinat in eine Schüssel geben und die Blätter vorsichtig in Form zupfen.

3 Die Sesamsamen in einer Pfanne ohne Fett rösten, bis die Körner anfangen zu duften. Sesam im Mörser grob zerstoßen. 1 Knoblauchzehe dazupressen. Sojasauce, Mirin, Sesamöl und 2 EL Öl zugeben und alles kräftig verrühren. Sauce vorsichtig mit dem Spinat mischen.

4 Eine Grillbratpfanne erhitzen 1 EL Öl darin verlaufen lassen. Hähnchenbrustfilets salzen und pfeffern und in der Pfanne auf jeder Seite 4–5 Min. grillen, dabei gelegentlich etwas andrücken und mit Marinade bestreichen. Auf dem Spinatsalat anrichten.

GARVARIANTE: HONIG-HÄHNCHENBRUST VOM HOLZKOHLENGRILL
Die marinierten Hähnchenbrustfilets können Sie auch auf dem geölten Rost über dem heißen Holzkohlengrill zubereiten. Dann ist die Garzeit etwas kürzer. Vorsicht: Der Honig in der Marinade karamellisiert rasch, dadurch kann das Fleisch schnell verbrennen.

Wählen Sie für diesen knackigen **Wintersalat** Ihr **Lieblings-Topping!** Schmeckt auch auf Eichblattsalat mit Rucola oder **Brunnenkresse.**

Endivien-Radicchio-Salat – mit vier Mal anders gegarten Toppings

ZUBEREITUNGSZEIT: CA. 25 MIN.
FÜR 4 PERSONEN

GRUNDREZEPT

80 g Feldsalat
1/2 Kopf Endiviensalat
1 mittelgroßer Kopf Radicchio
3 EL Olivenöl
150 g durchwachsener Speck, quer in 1/2 cm dicke Streifen geschnitten
3 EL Aceto balsamico
Salz | Pfeffer aus der Mühle

Die Salate putzen, waschen und trockenschleudern. Die Endivienblätter in Stücke rupfen. Radicchioblätter quer in etwa fingerbreite Streifen schneiden. Alle Salate in einer Schüssel mischen.

Für die Vinaigrette in einer großen Pfanne im heißen Olivenöl den Speck bei mittlerer Hitze knusprig ausbraten, herausheben und auf Küchenpapier abtropfen lassen. Das Bratfett mit Aceto balsamico und 3 EL Wasser verrühren, mit Salz und Pfeffer würzen. Durch ein Sieb über den Salat geben, diesen mischen und auf Tellern anrichten. Speck über den Salat geben. Dazu passt Roggenbaguette.

1. GARVARIANTE: GESCHMORTE THYMIAN-SCHALOTTEN

200 g runde Schalotten schälen. Blättchen von 4 Thymianzweigen abzupfen. Schalotten in einer kleinen ofenfesten Form mit Thymian, 1 EL Olivenöl, Salz und Pfeffer mischen. Form fest mit Alufolie verschließen. Schalotten im vorgeheizten Backofen bei 180 °C (Mitte, 160 °C Umluft) in 1 Std. goldbraun schmoren, nach 50 Min. die Folie entfernen. Schalotten etwas abkühlen lassen und mit dem Bratfond über den Salat geben.

2. GARVARIANTE: FRITTIERTE PETERSILIENWURZELN

400 g Petersilienwurzeln in kaltem Wasser gründlich waschen, abbürsten, mit einem Sparschäler längs in dünne Scheiben schneiden und diese sofort in kaltes Wasser geben. Petersilienwurzeln abgießen und sorgfältig trockentupfen. Frittieröl auf 180 °C erhitzen. Petersilienwurzelstreifen darin portionsweise in ca. 1 Min. goldbraun frittieren, mit einer Schaumkelle herausheben, auf Küchenpapier abtropfen lassen, leicht salzen und über den Salat geben.

3. GARVARIANTE: OFENGEGRILLTE AUSTERNPILZE

Von 400 g mittelgroßen Austernpilzen die Stiele abschneiden und die Pilze mit der Lamellenseite nach oben auf ein geöltes Backblech legen. 4 EL Olivenöl gleichmäßig darüber träufeln. Blättchen von 2 Rosmarinzweigen abzupfen und grob hacken. Die Austernpilze mit Rosmarin, Salz und Pfeffer würzen. Unter dem vorgeheizten Backofengrill in 4–6 Min. hellbraun grillen. Herausnehmen, etwas abkühlen lassen und über den vorbereiteten Salat geben.

4. GARVARIANTE: GEBACKENER ZIEGENKÄSE MIT KERNEN

Je 20 g Sonnenblumen- und Kürbiskerne in einer Pfanne rundum goldbraun rösten. 2 EL Thymianblättchen grob hacken, mit 5 EL flüssigem Honig verrühren, mit Pfeffer würzen. 4 Scheiben Ziegenkäserolle (à 100 g) mit Thymian-Honig beträufeln, Kernmischung darauf geben. Käsescheiben auf ein mit Backpapier belegtes Blech setzen. Im vorgeheizten Backofen bei 200 °C Ober-/Unterhitze (Mitte) 10–12 Min. backen. Vorsichtig auf den Salat setzen.

Ungarische Gulaschsuppe

Gulyásleves heißt diese Suppe in Ungarn. In diesem Rezept **schmort sie langsam** auf dem Herd vor sich hin. **Aufgewärmt schmeckt die würzige Suppe am besten** und erfreut viele hungrige Esser! Wenn Sie Rinderherz nicht so gerne mögen, können Sie es weglassen und vergrößern dafür einfach die Fleischmenge.

ZUBEREITUNGSZEIT: CA. 2 STD. 30 MIN.
PRO PORTION: CA. 240 KCAL
FÜR 8 PERSONEN

200 g Zwiebeln
2 Knoblauchzehen
700 g Rindfleisch (Schulter oder Wade)
350 g Rinderherz
30 g Schweineschmalz (oder 3 EL Öl)
je 3 TL edelsüßes und rosenscharfes Paprikapulver
1 TL Kümmelsamen
Salz | 180 g Möhren
150 g Pastinaken (oder Petersilienwurzeln)
2 rote Paprikaschoten
1 Dose stückige Tomaten (425 g)
400 g große vorwiegend fest kochende Kartoffeln

1 Zwiebeln und Knoblauch schälen. Die Zwiebeln fein würfeln. Fleisch und Herz in 2 cm große Würfel schneiden. Zwiebelwürfel in einem großen Topf oder Bräter im heißen Schmalz bei mittlerer Hitze glasig braten. Beide Sorten Paprikapulver untermischen. Fleisch untermischen und unter Rühren braten, bis der Fleischsaft verschmort ist. Knoblauch dazupressen, Kümmel untermischen und alles salzen. 1 l heißes Wasser zugeben, zugedeckt aufkochen und alles bei kleiner Hitze 1 Std. schmoren.

2 Inzwischen die Möhren und die Pastinaken schälen. Paprikaschoten waschen, putzen und halbieren, Trennwände und Samen entfernen. Das Gemüse in 1 cm große Stücke schneiden. Mit den Tomaten unter das Fleisch mischen, zugedeckt weitere 30 Min. schmoren.

3 Währenddessen die Kartoffeln schälen, in 2 cm große Stücke schneiden und in 1 l Wasser aufkochen. Kartoffeln mit dem Wasser zum Fleisch geben. Bei kleiner Hitze weitere 20–30 Min. kochen lassen, bis die Kartoffeln weich sind. Eventuell nachsalzen.

TIPP In Ungarn wird die Suppe meist mit gezupften Nockerln ergänzt: Dafür 100 g Mehl, 1 Ei (Größe L), 1 TL Öl und 1 Prise Salz zu einem festen Teig verkneten. Zu einer Kugel geformt in einem Gefrierbeutel 15 Min. ruhen lassen. Teig auf einer leicht bemehlten Arbeitsfläche 1/2 cm dick ausrollen, mit den Fingern in etwa erbsengroße Stücke zupfen. In die kochende Suppe geben (rechtes Foto unten), gelegentlich umrühren. Die Nockerln sind gar, wenn sie nach 2–3 Min. an die Oberfläche steigen.

Alles Fleisch mit einem scharfen Messer erst in 2 cm dicke Scheiben, dann diese in ebenso große Würfel schneiden.

Paprikapulver zu den Zwiebeln geben und kurz anbraten. Fleisch untermischen und braten, bis der Fleischsaft verschmort ist.

Mini-Nockerl machen die Suppe zum warm-aromatischen Sattmacher. Vom Teig Stückchen abzupfen und kurz mitgaren.

Paprikasuppe mit Chorizo-Croûtons

Ihr ganz **besonderes Aroma** bekommt diese Suppe von der **gerösteten Haut der gegrillten Paprikaschoten.** Entfernen Sie die Haut darum nur großzügig.

ZUBEREITUNGSZEIT: CA. 40 MIN.
PRO PORTION: CA. 330 KCAL
FÜR 4 PERSONEN

1,2 kg rote Paprikaschoten
2 große rote Chilischoten
1 Zwiebel | 2 Knoblauchzehen
4–6 EL Olivenöl | 800 ml Gemüsebrühe | Salz
Pfeffer aus der Mühle | 3 Scheiben Toastbrot
100 g Chorizo oder Cabanossi | 1/2 Bund Majoran

AUSSERDEM

2 große Gefrierbeutel

1 Backofengrill vorheizen. Paprika und Chili vorbereiten (Chilis aber nur halbieren) und grillen wie auf Seite 77 in Arbeitsschritt 1 beschrieben. Zwiebel und Knoblauch schälen. Zwiebel fein würfeln, in einem Topf im Olivenöl unter Rühren bei mittlerer Hitze glasig braten. Knoblauch dazupressen und kurz mitbraten. Brühe angießen und aufkochen.

2 Paprika und Chili in ein Sieb geben, Flüssigkeit auffangen. Schotenstücke häuten, mit abgetropfter Flüssigkeit und Zwiebelbrühe im Mixer pürieren. Im Topf erhitzen, mit Salz und Pfeffer pikant abschmecken.

3 Toastbrot entrinden, in 1 cm große Würfel schneiden. Wurst pellen und in kleine Würfel schneiden. Majoran waschen, trockenschütteln und die Blättchen abzupfen. 2 EL Olivenöl in einer Pfanne erhitzen, die Wurstwürfel darin rundherum anbraten und wieder herausheben.

4 Brotwürfel im heißen Bratfett unter gelegentlichem Schwenken der Pfanne knusprig braten, dabei nach Bedarf noch etwas Öl zugeben. Den Majoran und die Wurstwürfel zugeben. Die Paprikasuppe mit den Wurst-Croûtons garniert servieren.

Kartoffel-Pastinaken-Cremesuppe mit Feldsalat

»Salat in der Suppe« klingt ungewohnt, setzt aber geschmacklich und optisch Akzente.

ZUBEREITUNGSZEIT: CA. 45 MIN.
PRO PORTION: CA. 615 KCAL
FÜR 4 PERSONEN

1/2 Bund Majoran | 150 g durchwachsener Speck | 500 g Kartoffeln
300 g Pastinaken | 1 Zwiebel | 1,5 l Brühe | 250 g Sahne
40 g kleiner Feldsalat | 20 g Kürbiskerne | geriebene Muskatnuss
Salz | Pfeffer aus der Mühle | 8 TL geröstetes Kürbiskernöl

1 Majoran abbrausen, trockenschütteln, einige große und schöne Blättchen abzupfen und abgedeckt beiseite stellen. Majoranzweige wie rechts beschrieben zusammenbinden. Speck in 1/2 cm dicke Scheiben und diese in Würfel schneiden. Kartoffeln und Pastinaken schälen und in 2 cm große Stücke schneiden. Zwiebel schälen und fein würfeln.

2 Speck in einem Topf bei mittlerer Hitze ausbraten. Etwa zwei Drittel des Specks mit einem Schaumlöffel herausheben und auf Küchenpapier abtropfen lassen. Zwiebeln im Speckfett glasig braten. Kartoffeln, Pastinaken, Majoranzweige und Brühe zugeben, zugedeckt aufkochen und 25 Min. bei kleiner Hitze kochen lassen.

3 Inzwischen 50 g Sahne steif schlagen und kalt stellen. Den Feldsalat waschen, putzen und trockenschleudern. Kürbiskerne in einer Pfanne ohne Fett rösten, bis die Kerne knacken. Herausheben und mit den Speckwürfeln mischen.

4 Die Majoranzweige aus der Suppe nehmen. Restliche Sahne zur Suppe geben und alles fein pürieren. Mit Muskatnuss, Salz und Pfeffer abschmecken. Kurz vor dem Servieren die steif geschlagene Sahne mit einem Rührbesen unterheben. Die Kartoffel-Pastinaken-Cremesuppe auf Teller verteilen und mit Kürbiskernöl, Majoranblättchen, Feldsalat und den Speck-Kürbiskernen garnieren.

Die Majoranstiele mit Küchengarn zusammenbinden, mitkochen und nach dem Kochen aus der Suppe entfernen.

Eine kleine Menge Sahne lässt sich ganz einfach mit einem elektrischen Milchaufschäumer steif schlagen.

Frischer Salat mit warmem Topping – **das kennen** *und lieben wir. Warum nicht* **einmal umgekehrt?** *Hier wird ein wärmendes Süppchen mit nussigem* **Feldsalat gekrönt** *und kommt dann so geschmacksvielfältig daher:* **bestimmt bald** *Ihr neuer Herbstliebling!*

In der **Natur unmöglich,** *in der Küche sehr wohl: In diesem Eintopf* **tummeln sich** *edle Meeresbewohner ganz unterschiedlicher Herkunft. Die sich mit duftendem Thymian, feinherben Lorbeerblätter und dem entscheidenden Schuss Anisée* **in Frankreich wie zu Hause** *fühlen …*

Mediterraner Fischtopf mit Fenchel und Safran

Das schmeckt nach Sommerurlaub in Südfrankreich – dabei stammen die in **kräuterwürziger Weinbrühe** pochierten Fischfilets aus nördlichen Gewässern. Den finalen Aromakick gibt in Anisschnaps eingeweichter **Safran.**

ZUBEREITUNGSZEIT: CA. 1 STD.
PRO PORTION: CA. 235 KCAL
FÜR 4 PERSONEN

2 Zwiebeln
2 Knoblauchzehen
1 Fenchelknolle
150 g Lauch
1 gelbe Paprikaschote
300 g Tomaten
200 g fest kochende Kartoffeln
3 EL Olivenöl
1 EL Tomatenmark
125 ml trockener Weißwein
1 l Gemüsebrühe
8 Zweige Thymian
4 Zweige glatte Petersilie
2 frische Lorbeerblätter
1 große getrocknete Chilischote
500 g geputzte Miesmuscheln
150 g Schollenfilet
150 g Lachsfilet
150 g Schellfischfilet
Salz | Pfeffer aus der Mühle
4 EL Anisschnaps
1/2 Briefchen Safranfäden
125 g Tiefseegarnelen (aus dem Kühlregal)

1 Zwiebeln und Knoblauch schälen, Zwiebeln würfeln. Den Fenchel waschen, putzen, vierteln und den harten Strunk keilförmig herausschneiden. Lauch putzen, längs aufschneiden und gründlich waschen. Fenchel und Lauch in dünne Scheiben schneiden oder hobeln. Paprika waschen, putzen und vierteln. Trennwände und Samen entfernen, das Fruchtfleisch in Streifen schneiden. Tomaten auf der runden Seite über Kreuz einritzen, kurz in kochendem Wasser blanchieren, abschrecken, häuten, entkernen und ohne Stielansatz in grobe Stücke schneiden. Kartoffeln schälen und in 2 cm große Würfel schneiden.

2 Öl in einem großen Topf erhitzen, Zwiebeln und Fenchel darin bei mittlerer Hitze glasig braten. Knoblauch dazupressen. Paprika, Lauch und Kartoffeln zugeben und alles kurz mitbraten. Tomatenmark, Wein und Brühe unterrühren und zugedeckt aufkochen.

3 Kräuter abbrausen. Lorbeerblätter mehrfach einschneiden, mit der Chilischote und den Kräutern zusammenbinden. In die Brühe geben und bei kleiner Hitze 10 Min. kochen lassen.

4 Muscheln abspülen (siehe Tipp), in die Suppe geben, zugedeckt aufkochen und 3 Min. bei kleiner Hitze kochen lassen. Fisch trockentupfen und, in mundgerechte Stücke geschnitten, salzen und pfeffern. In die Brühe geben und zugedeckt bei kleiner Hitze 3 Min. pochieren.

5 Inzwischen den Anisschnaps erwärmen, Safranfäden darin ziehen lassen. Mit den Garnelen in die Suppe geben und erhitzen. Das Kräuterbündel entfernen und ungeöffnete Muscheln aussortieren. Dazu passt Knoblauchbaguette.

TIPP Miesmuscheln kontrollieren: Muscheln in einem Durchschlag unter fließend kaltem Wasser abspülen. Geöffnete Muscheln, die sich auf leichten Druck nicht schließen, wegwerfen. Nach dem Garen die noch geschlossenen Muscheln aussortieren.

Wirsingeintopf mit Lammstelzen

Das Besondere an diesem Eintopf: Er schmort einfach 2 Stunden im Ofen vor sich hin, ohne dass Sie sich um ihn zu kümmern brauchen. Ein wunderbar stressfreies Sonntagsessen!

ZUBEREITUNGSZEIT: CA. 30 MIN.
SCHMORZEIT: 2 STD. 15 MIN.
BEI 6 PERSONEN PRO PORTION: CA. 180 KCAL
FÜR 4–6 PERSONEN

400 g Möhren
600 g fest kochende Kartoffeln
500 g Wirsingkohl
2 Zwiebeln
2 Knoblauchzehen
4 Lammstelzen à 350 g
Salz | schwarzer Pfeffer aus der Mühle
3 EL Öl | 2 TL getrocknetes Bohnenkraut
2 TL Currypulver
400 ml Lammfond (aus dem Glas)

1 Die Möhren putzen. Kartoffeln und Möhren schälen, beides quer in 1 cm dicke Scheiben schneiden. Wirsing putzen, waschen und vierteln. Ohne den harten Strunk in 2 cm breite Streifen schneiden. Zwiebeln und Knoblauch schälen, Zwiebeln in 1/2 dicke Ringe, Knoblauch in dünne Scheiben schneiden.

2 Den Backofen auf 200 °C Ober-/Unterhitze vorheizen. Lammstelzen rundherum salzen und pfeffern. Öl in einer großen Pfanne erhitzen, Stelzen darin bei mittlerer Hitze goldbraun anbraten. Kartoffeln und Möhren in einem Bräter verteilen, mit Salz, Pfeffer und je 1 TL Bohnenkraut und Curry würzen. Hälfte der Zwiebeln und des Knoblauchs darauf streuen. Die Lammstelzen darauf legen, Wirsing, restliche Zwiebeln und Knoblauch darüber verteilen, wieder mit Salz, Pfeffer und je 1 TL Bohnenkraut und Curry würzen.

3 Lammfond und 400 ml Wasser aufkochen und gleichmäßig über den Wirsing gießen. Bräter schließen, in den heißen Ofen auf den Rost (unten, Umluft nicht empfehlenswert) setzen und das Gericht 15 Min. schmoren. Hitze auf 150 °C reduzieren und den Wirsingeintopf weitere 2 Std. schmoren.

4 Lammstelzen herausheben, Eintopf im ausgeschalteten Ofen warm halten. Fleisch von den Knochen lösen, in große Stücke schneiden und zurück in den Eintopf geben, mit Salz und Pfeffer abschmecken.

TIPP Wenn Sie frisches Bohnenkraut bekommen: Statt des getrockneten Bohnenkrauts 8 frische Zweige mit Küchengarn zusammenbinden und mitschmoren. Vor dem Servieren entfernen.

GARVARIANTE: OFENGEBRATENE LAMMSTELZEN MIT WIRSINGPÜREE
Lammstelzen würzen und in einem Bräter anbraten. Zwiebeln und Knoblauch kurz mitbraten. Lammfond zugeben und offen 2 Std. 30 Min. bei 180 °C braten, dabei alle 30 Min. mit Schmorfond beschöpfen. 600 g Wirsing putzen und ohne den harten Strunk in feine Streifen schneiden. Mit 8 EL Wasser zugedeckt in 6–8 Min. weich dünsten. In einem Sieb kurz abtropfen lassen, pürieren. Püree erhitzen, mit Salz, Pfeffer und 1 Prise Salz abschmecken. Nach und nach 120 g kalte Butter unterrühren. Das Wirsingpüree mit den Lammstelzen anrichten.

Alle Vorteile des Schmorens sind hier vereint: Ein herbstlich bunter Zutatenmix wandert für 2 Stunden ins heiße Rohr und verwandelt sich dort in einen saftig-deftigen Eintopf mit Currykick. Was Sie derweil machen? Freizeit genießen!

Rote-Beten-Kokos-Suppe

West meets East: Die Süße der Roten Bete ergänzt sich ganz hervorragend mit den südostasiatischen Zutaten zu einer auch farblich ungewöhnlichen Cremesuppe. Schneller geht's mit Roten Beten aus dem Vakupack.

ZUBEREITUNGSZEIT: CA. 1 STD. 15 MIN.
PRO PORTION: CA. 325 KCAL
FÜR 4 PERSONEN

3 Rote Beten (400 g)
Salz | 2 Bio-Limetten
10 Zweige Pfefferminze
1 Stängel Zitronengras
2 Knoblauchzehen
30 g frischer Ingwer
3 grüne Chilischoten
100 g Salatgurke
2 rote Zwiebeln
1/2–1 Bund Koriandergrün
2 EL Öl | 1 TL Kreuzkümmelsamen
500 ml Gemüsebrühe
1 Dose ungesüßte Kokosmilch (400 g)
Zucker

1 Rote Beten waschen, in Salzwasser zugedeckt aufkochen und bei kleiner Hitze, je nach Dicke der Knollen, 40–50 Min. kochen lassen.

2 Inzwischen 1 Limette heiß waschen, trocknen und die Schale mit einem Zestenreißer in Streifen abschälen. Beide Limetten auspressen. Pfefferminze abbrausen, trockenschütteln und die Blättchen abzupfen. Äußeres Zitronengrasblatt entfernen, Stängel auf etwa 10 cm kürzen, mit der Klingenfläche eines großen Messers andrücken. Knoblauch und Ingwer schälen. Chilis waschen, längs halbieren, die Trennwände und Samen entfernen. Zitronengras, Knoblauch, Ingwer und 5 Chilihälften in Stücke schneiden. Mit Limettenschale und Minze im Blitzhacker zu einer Paste zerkleinern. Nach und nach 4 EL Limettensaft unterarbeiten.

3 Die Gurke waschen, streifig schälen, entkernen und fein würfeln. Übrige Chilihälfte hacken. Zwiebeln schälen und fein würfeln. 1 EL Zwiebelwürfel mit Gurke und Chili mischen. Koriander abbrausen, trockenschütteln, die Blättchen mit den zarten Stielen fein hacken und untermischen, salzen.

4 Öl in einem Topf erhitzen, restliche Zwiebeln und Kreuzkümmel darin anbraten und zugedeckt bei kleiner Hitze 10 Min. weich dünsten. Inzwischen die Roten Beten schälen, würfeln und mit der Hälfte der Gewürzpaste zu den Zwiebeln geben. Mit Brühe auffüllen, aufkochen und weitere 10 Min. dünsten. Mit restlicher Gewürzpaste und Kokosmilch fein pürieren. Mit Zucker, Salz und Limettensaft abschmecken. Suppe erhitzen und mit der Gurken-Koriander-Mischung anrichten.

Rote Beten zum Schälen mit einer Pellkartoffelgabel festhalten. Dann den Blattansatz abschneiden. Haut mit einem kleinen Messer Richtung Wurzelansatz abziehen.

Nachdem das äußere Blatt entfernt ist, muss man Zitronengras kräftig andrücken, damit die Zellen zerstört und die Aromastoffe freigesetzt werden.

Die Zutaten für die scharfsäuerliche Gewürzpaste lassen sich ganz einfach im Blitzhacker zerkleinern. Dabei nach und nach den Limettensaft zugeben.

Sellerie-Apfel-Cremesuppe

Soulfood! Diese cremige Suppe wärmt an kalten Herbsttagen nicht nur den Magen, sondern auch die Seele. Reichen Sie ein kräftiges Bauern- oder Schwarzbrot dazu.

ZUBEREITUNGSZEIT: CA. 40 MIN.
PRO PORTION: CA. 320 KCAL
FÜR 4 PERSONEN

400 g Kartoffeln | 400 g Sellerie
2 Zwiebeln | 3 säuerliche Äpfel
2 EL Butterschmalz
1/2–1 TL gemahlener Kreuzkümmel
Salz | Pfeffer aus der Mühle
2–3 EL Zitronensaft
600 ml Gemüsebrühe
100 g Sahne | 150 ml Milch
1/2 Bund Majoran | 80 g saure Sahne

AUSSERDEM

Küchengarn

1 Kartoffeln und Sellerie schälen, beides in 2 cm große Würfel schneiden. Die Zwiebeln schälen und würfeln. 1 Apfel waschen, halbieren, von einer Hälfte das Kernhaus entfernen, das Fruchtfleisch ungeschält fein würfeln. 1 EL Butterschmalz erhitzen, 1 EL Zwiebelwürfel und die Apfelwürfel darin unter Rühren 2–3 Min. glasig dünsten. Mit 1 Prise Kreuzkümmel, Salz und Pfeffer würzen, herausheben, beiseite stellen.

2 Übrige Äpfel schälen, Kernhaus entfernen, das Fruchtfleisch würfeln und mit 2 EL Zitronensaft mischen. 1 EL Butterschmalz im Bratfett erhitzen, übrige Zwiebeln darin glasig dünsten. Kartoffeln, Sellerie und Zitronen-Äpfel zufügen. Kreuzkümmel, Brühe, Sahne und Milch zugeben, salzen, pfeffern. Majoran abbrausen, 4 Zweige beiseite legen, übrige Zweige mit Küchengarn zusammenbinden und in die Suppe geben. Zugedeckt aufkochen, bei kleiner Hitze in 15–20 Min. weich kochen.

3 Majoran aus der Suppe nehmen und diese fein pürieren. Die Suppe erhitzen, mit Zitronensaft, Salz und Pfeffer abschmecken. Saure Sahne in die Suppe rühren und mit Zwiebel-Äpfeln und Majoran garnieren.

Welcher Gartyp sind Sie? Darf's vielleicht gerne knuspern? Dann auf ans Frittieren von Kartoffelstäbchen und Backen feiner Teigtäschchen. Sie lieben zarten Schmelz im Mund? Auberginen weich backen und cremig pürieren heißt da die Devise. Dazu fluffiges Weißbrot – hmmm … Oder wie wär's mit pochierten Eiern, die auf der Zunge zergehen? Jetzt wissen Sie erst recht nicht, welcher Gartyp Sie sind? – Beste Voraussetzung, um alles einfach auszuprobieren!

SNACKS & DIPS

Yufkateigbeutelchen mit Lamm-Zucchini-Füllung

Zarter Yufkateig umhüllt eine **saftige Füllung mit mediterranen Aromen** wie Rosmarin und Thymian. Probierenswert auch mit gedünstetem Blattspinat und Schafkäse.

ZUBEREITUNGSZEIT: CA. 1 STD. 20 MIN.
PRO STÜCK: CA. 360 KCAL
FÜR 12 STÜCK

3 Frühlingszwiebeln
2 Knoblauchzehen
250 g Zucchini
250 g Auberginen
1 gelbe Paprikaschote
3 Zweige Rosmarin
1/2 Bund Thymian
6 EL Olivenöl
400 g Lammhackfleisch
Salz | Pfeffer aus der Mühle
100 g Butter
12 Yufkateigblätter (38 x 44 cm, aus dem türkischen Supermarkt)
150 g Magermilchjoghurt
150 g Crème fraîche
4 Zweige Pfefferminze

1 Die Frühlingszwiebeln waschen, putzen und das Weiße und Hellgrüne in feine Ringe schneiden. Knoblauch schälen. Zucchini, Auberginen und Paprika waschen und putzen. Paprika vierteln, Trennwände und Samen entfernen. Alles Gemüse in 1/2 cm kleine Würfel schneiden. Die Kräuter abbrausen und trockenschütteln. Rosmarinnadeln und Thymianblättchen abzupfen und hacken.

2 In einer großen Pfanne 2 EL Öl erhitzen, Hackfleisch darin bei starker Hitze grobkrümelig braun braten, mit der Hälfte der Kräuter, Salz und Pfeffer würzen. Hackfleisch in eine flache Schale geben.

3 Frühlingszwiebeln, Zucchini, Auberginen und Paprika in zwei Portionen in je 2 EL Öl in der Pfanne unter Rühren 2 Min. braten. Je 1 Knoblauchzehe dazupressen, Kräuter zugeben und weitere 2 Min. braten, salzen und pfeffern. Mit dem Hackfleisch mischen und etwas abkühlen lassen. Den Backofen auf 180 °C vorheizen.

4 Die Butter zerlassen und damit die 12 Mulden eines Muffinblechs dünn fetten. Jeweils 1 Teigblatthälfte dünn mit Butter bestreichen. Unbestrichene Hälfte darauf klappen. Ganze Fläche mit Butter bestreichen, Ecken zur Mitte klappen und wieder buttern. Je 2–3 EL Füllung in die Mitte jedes Teigblatts setzen.

5 Die Ränder über der Füllung zusammenfassen, verdrehen (bzw. mit Küchengarn zusammenbinden) und jeweils in eine Mulde setzen. Das Blech auf den Backofenrost stellen und die Teigbeutelchen im Backofen (unten, 160 °C Umluft) 20 Min. backen.

6 Inzwischen Joghurt, Crème fraîche und 1 Prise Salz verrühren. Minze abbrausen, trockenschütteln, Blätter abzupfen, hacken und unterrühren. Die Sauce kalt stellen. Teigbeutelchen 10 Min. abkühlen lassen, aus dem Blech heben und mit der Joghurtsauce anrichten.

Eier sind **Allround-Talente!** Ein pochiertes Ei zum Frühstück ist ein besonders **gelungener Start** in den Tag. Strammer Max (Spiegelei auf Schinkenbrot) schmeckt als **kleines herzhaftes** Abendessen. Probieren Sie sich durch!

Eier – fünf Mal anders gegart

FÜR 4 PERSONEN

1. GARVARIANTE

3 EL Butter | 4 Eier
Salz | Pfeffer aus der Mühle

1. GARVARIANTE: **SPIEGELEIER**

Butter in einer Pfanne bei mittlerer Hitze zerlassen. Eier einzeln aufschlagen und in die Pfanne gleiten lassen. Die Eier braten, bis das Eiweiß fest, das Eigelb aber noch flüssig ist. Dabei gelegentlich an der Pfanne rütteln, damit die Spiegeleier nicht ansetzen. Eier salzen und pfeffern und z. B. auf Vollkornbrot mit Schinken anrichten.

2. GARVARIANTE: RÜHREIER

6 Eier in eine Schüssel aufschlagen, mit einem Rührbesen 8 EL Sahne und eine kräftige Prise Salz unterrühren, so dass alles gerade vermischt ist. 2 EL Butter in einer Pfanne bei mittlerer Hitze zerlassen, die Eiersahne durch ein Sieb in die Pfanne geben. Die Eier stocken lassen, dabei mit einem Pfannenwender vom Pfannenrand zur Mitte schieben, bis das Rührei große Flocken bildet. Das Rührei soll cremig und glänzend sein. Mit grob gestoßenem schwarzem Pfeffer würzen.

3. GARVARIANTE: GEKOCHTE EIER MIT RUCOLAFÜLLUNG

4 Eier auf der runden Seite anstechen, mit 250 ml kaltem Wasser in einen kleinen Topf geben. Zugedeckt aufkochen, bei kleiner Hitze in 8–10 Min. hart kochen. 1 Bund Rucola waschen, trockenschleudern und fein hacken. Eier abschrecken, pellen und halbieren. Eigelbe mit einem Teelöffel herausheben, in eine Schüssel geben. 40 g weiche Butter mit einer Gabel unterkneten. Rucola untermischen, salzen und pfeffern. Masse in einen Spritzbeutel mit Sterntülle füllen, in die Eihälften spritzen.

4. GARVARIANTE: EIER IN FÖRMCHEN

10 g getr. Morcheln 15 Min. in warmem Wasser einweichen, trockentupfen und klein schneiden. 1 fein gewürfelte kleine Zwiebel in 1 EL Butterschmalz mit den Morcheln glasig dünsten, salzen, pfeffern. 4 Eier trennen, Eigelbe einzeln lassen. 200 g Sahne, 2 EL gehackten Kerbel, Morchel-Zwiebeln und Eiweiß mischen, auf 4 gefettete Formen (à 150 ml) verteilen, Eigelbe jeweils in die Mitte setzen. Formen mit Alufolie verschließen, die Masse im Wasserbad zugedeckt bei kleiner Hitze 8–10 Min. pochieren.

5. GARVARIANTE: POCHIERTE EIER

In einem kleinen Topf 750 ml Wasser mit 2 EL Weißweinessig aufkochen, dann leicht sieden lassen. 4 kalte, tagesfrische Eier einzeln in eine Tasse aufschlagen. Mit einem Kochlöffelstiel im Wasser einen Wirbel rühren. Je 1 Ei in das Wirbelzentrum gleiten lassen, so legt sich eine saubere Eiweißhülle um das Eigelb. Ei 4–5 Min. pochieren, mit einem Schaumlöffel herausheben, abschrecken, abtropfen lassen. Ausgefranste Eiweißränder abschneiden. Zum Servieren die Eier 1 Min. in siedendem Wasser erhitzen.

Panierte frittierte Kartoffelsticks mit Barbecuesauce

Pommes frites mit Ketchup kennt jeder! Probieren Sie einmal diese knusprig panierte scharfe Variante, die Sie **auch mit Knollensellerie oder Süßkartoffeln** zubereiten können.

ZUBEREITUNGSZEIT: CA. 1 STD.
BEI 6 PERSONEN PRO PORTION: CA. 525 KCAL
FÜR 4–6 PERSONEN

150 g Zwiebeln
2 Knoblauchzehen
20 g frischer Ingwer
100 g Tomatenketchup
200 g brauner Zucker
4 EL Rotweinessig
1 kg große fest kochende Kartoffeln
Salz | 3 EL extrascharfer Senf
Pfeffer aus der Mühle
je 1 rote und grüne Chilischote
200 g Semmelbrösel
150 g Mehl
2 TL Currypulver | 3 Eier
Pflanzenöl zum Frittieren

AUSSERDEM

2 große Gefrierbeutel

1 Zwiebeln schälen und fein würfeln. Knoblauch und Ingwer schälen und zusammen fein hacken. Ketchup, Zucker, Zwiebeln, Knoblauch, Ingwer und Essig in einem Topf verrühren. Unter Rühren aufkochen und bei kleiner Hitze 15 Min. kochen lassen.

2 Inzwischen die Kartoffeln schälen, waschen und längs in 1 cm dicke Stifte schneiden oder hobeln. Dünne Randstücke aussortieren. Die Stifte in kochendes Salzwasser geben und 3 Min. blanchieren, abgießen, abschrecken und sehr gut abtropfen lassen. Senf unter die Barbecuesauce rühren, mit Salz und Pfeffer abschmecken und beiseite stellen.

3 Die Chilischoten waschen, längs halbieren, Trennwände und Samen entfernen, das Fruchtfleisch fein würfeln. Zusammen mit den Semmelbröseln in einen großen Gefrierbeutel geben. Mehl und Curry in einen zweiten großen Gefrierbeutel geben. Eier in einer flachen Schale verkleppern. Den Backofen auf 100 °C Ober-/Unterhitze vorheizen.

4 Die Kartoffelstifte zwischen zwei Geschirrtüchern sorgfältig trocknen. Frittieröl auf 160 °C erhitzen. Kartoffeln portionsweise in Mehl, Eiern und der Semmelbröselmischung panieren: Dazu die Stifte portionsweise im Beutel mit dem Mehl mischen, in ein Sieb geben und überschüssiges Mehl abschütteln. Dann die Stifte in den Eiern wenden, mit einem Schaumlöffel herausheben und im Beutel mit den Semmelbröseln panieren.

5 Die panierten Kartoffelsticks im heißen Öl 3–4 Min. goldgelb frittieren. Frittierte Kartoffeln auf einem mit Küchenpapier ausgelegten Backblech nebeneinander liegend im heißen Ofen warm halten, bis alle Kartoffeln frittiert sind. Mit der Barbecuesauce servieren.

GARVARIANTE: GEBACKENE KARTOFFELSTICKS
7 EL Öl mit 1 TL Currypulver und den fein gewürfelten Chilischoten mischen. Kartoffeln waschen, schälen und in ca. 1,5 cm dicke Stifte schneiden. Sofort sorgfältig mit dem Öl mischen und auf ein Backblech geben. Im vorgeheizten Backofen bei 220 °C (unten, Umluft 200 °C) 35–40 Min. braten. In eine Schüssel geben und salzen.

Drei Garmethoden **auf einen Streich:** *Erst bissfest blanchiert, dann knusprig frittiert und schließlich in ein gekochtes Süß-sauer-scharf-Sößchen gedippt. – Hier* **erinnert nichts mehr** *an labbrige Pommes frites oder* **rote Glutamat-Tunke!** *Da kriegen garantiert nicht nur Kinder große Augen …*

Artischocken mit Tunfischdip und Rucola-Mayonnaise

Ein wunderbares Essen für einen **Sommerabend auf Balkon oder Terrasse.** Die Saucen lassen sich **gut vorbereiten,** holen Sie jedoch Dip und Mayonnaise 30 Min. vor dem Essen aus dem Kühlschrank, dann schmecken sie am besten.

ZUBEREITUNGSZEIT: CA. 1 STD.
PRO PORTION: CA. 355 KCAL
FÜR 4 PERSONEN

2 Zitronen (davon 1 Bio-Zitrone)
4 große Artischocken
Salz | 1 Knoblauchzehe
2 frische Eier
2 TL mittelscharfer Senf
Pfeffer aus der Mühle
120 ml neutrales Öl
80 ml kaltgepresstes Olivenöl
1 Dose Tunfisch im eigenen Saft (185 g)
1/2 Bund Basilikum
1 große Tomate
40 g Rucola
1–2 TL Honig

1 Die Bio-Zitrone heiß waschen, trocknen und halbieren, eine Hälfte in vier Scheiben schneiden. Die zweite Hälfte und die übrige Zitrone auspressen. Artischocken wie unten beschrieben vorbereiten.

2 In einem großen Topf Wasser aufkochen. Kräftig salzen, 3 EL Zitronensaft und die Artischocken zugeben. Artischocken mit einem flachen Teller beschweren, so dass sie vollständig mit Wasser bedeckt sind. Im geschlossenen Topf 35–45 Min. garen. Die Artischocken sind gar, wenn sich ein Mittelblatt leicht herausziehen lässt.

3 Knoblauch schälen und in einen Rührbecher pressen. Eier, Senf, 2 EL Zitronensaft, Salz, Pfeffer und beide Ölsorten zugeben. Mit dem Pürierstab bei voller Leistung aufmixen, bis eine helle Creme entsteht, beiseite stellen.

4 Tunfisch sehr gut abtropfen lassen, Basilikumblättchen abzupfen und grob hacken. Tunfisch, Basilikum und 1 EL Zitronensaft pürieren und mit der Hälfte der Mayonnaise verrühren, salzen und pfeffern.

5 Tomate waschen, quer halbieren, entkernen und ohne Stielansatz fein würfeln. Rucola verlesen, waschen, trockenschleudern und fein hacken. Mit Tomaten und Honig unter die übrige Mayonnaise rühren.

6 Artischocken mit einem Schaumlöffel aus dem Wasser heben, kurz abtropfen lasen und mit Tunfischdip und Rucola-Mayonnaise servieren. Dazu passt Baguette oder Fladenbrot.

Artischockenblüte mit einer Hand festhalten, Stiel mit der anderen Hand drückend über die Tischkante abbrechen.

Äußere Artischockenblätter abziehen, oberes Drittel der Artischocken am besten mit einem Sägemmesser abschneiden.

Auf den Stielansatz jeder Artischocke 1 Zitronenscheibe legen und mit Küchengarn befestigen.

Auberginendip

Im Libanon werden für diesen cremigen Dip die Auberginen traditionell aufgespießt und über einem offenen Feuer geröstet. Ich behelfe mir mit dem guten alten Ofen …

ZUBEREITUNGSZEIT: CA. 1 STD.
PRO PORTION: CA. 510 KCAL
FÜR 4 PERSONEN

2 große Auberginen (à 300 g)
1 Bund Thymian
1 Packung Pitabrot-Taschen (400 g)
6 EL Olivenöl | Salz
4–5 EL Zitronensaft
3 Knoblauchzehen
4 EL Tahin (Sesampaste)
1 Tomate
4 Zweige glatte Petersilie

1 Den Backofen auf 250 °C (220 °C Umluft) vorheizen. Auberginen waschen und auf dem Backofenrost über der Fettpfanne des Backofens im heißen Ofen (Mitte) 30–35 Min. rösten, dabei gelegentlich wenden.

2 Thymian abbrausen, trockenschütteln, die Blättchen grob hacken. Pitataschen in 2 cm breite Streifen schneiden, Oberseite von der Unterseite trennen. Streifen mit der Außenseite auf ein Backblech legen, mit Öl bepinseln, mit Thymian bestreuen, leicht salzen. Auberginen aus dem Ofen nehmen. Hitze auf 180 °C (160 °C Umluft) reduzieren, die Brotstreifen auf der mittleren Schiene in 10–15 Min. goldbraun backen.

3 Von den Auberginen den Stielansatz abschneiden, Haut abziehen. Fruchtfleisch mit 3 EL Zitronensaft pürieren. Knoblauch schälen, dazupressen, Tahin unterarbeiten. Mit Salz und Zitronensaft abschmecken.

4 Tomate waschen, halbieren, entkernen und ohne Stielansatz fein würfeln. Die Petersilie abbrausen, trockenschütteln, hacken und mit der Tomate mischen. Dip damit garnieren, mit den Brotstreifen servieren.

Kartoffeltortilla

Begleitet in spanischen **Tapas-Bars** oft ein Glas Sherry: Kartoffeltortilla in Form von Tortenstücken. Manchmal wird sie aber auch **als kleine Mahlzeit mit einem Salat** serviert. Am besten gelingt die Tortilla mit Pellkartoffeln vom Vortag.

ZUBEREITUNGSZEIT: CA. 50 MIN.
(+ ABKÜHLZEIT)
PRO PORTION: CA. 240 KCAL
FÜR 4 PERSONEN

500 g kleine fest kochende Kartoffeln
1 Zwiebel
2 Knoblauchzehen
4 EL Olivenöl | Salz
Pfeffer aus der Mühle | 5 Eier

1 Die Kartoffeln waschen und in einen Dämpfeinsatz geben. Dämpfeinsatz so in einen Topf mit Wasser geben, dass Kartoffeln und Wasser keinen Kontakt haben. Wasser zugedeckt aufkochen und die Kartoffeln bei mittlerer Hitze 20–25 Min. dämpfen. Kartoffeln heiß pellen und ganz auskühlen lassen.

2 Kartoffeln am besten mit einem Eierschneider in gleich dicke Scheiben schneiden. Zwiebel und Knoblauch schälen, Zwiebel fein würfeln und in einer beschichteten Pfanne (22 cm Ø) in 2 EL Öl bei mittlerer Hitze glasig dünsten. Knoblauch dazupressen und kurz mitdünsten. Kartoffeln sorgfältig untermischen, salzen und pfeffern.

3 Die Eier in einer Schüssel verquirlen und die Kartoffelmischung unterheben. 2 EL Öl in der Pfanne erhitzen, Eier-Kartoffeln zugeben und bei kleiner bis mittlerer Hitze 20 Min. stocken lassen. Die Tortilla auf einen flachen Topfdeckel gleiten lassen und mit der Oberseite nach unten vorsichtig zurück in die Pfanne geben, weitere 5 Min. braten. Auf ein Brett gleiten lassen und servieren.

VARIANTE MIT DICKEN BOHNEN UND CHORIZO
200 g TK-Dicke-Bohnen 3 Min. blanchieren, abgießen, abschrecken und häuten. 100 g Chorizo längs vierteln und in 1/2 cm dicke Scheiben schneiden. Mit den Kartoffeln unter die verquirlten Eier mischen. Wie beschrieben stocken lassen.

VARIANTE MIT ZUCCHINI UND KÄSE
200 g Zucchini in 1/2 cm dicke Scheiben schneiden und mit dem Knoblauch zu den angedünsteten Zwiebeln geben, kurz mitdünsten. Mit den Kartoffeln unter die Eier mischen, mit 1 TL edelsüßem Paprikapulver und Cayennepfeffer würzen. In die Pfanne geben. 8 Kirschtomaten auf der runden Seite über Kreuz einritzen und gleichmäßig auf der Tortilla verteilen, wie beschrieben stocken lassen. Tortilla nicht wenden. Mit 80 g geriebenem Cheddar bestreuen. Pfannengriff mit Alufolie umwickeln, damit er nicht verbrennt. Tortilla auf dem Rost unter dem heißen Backofengrill goldbraun gratinieren.

Von beiden Seiten knusprig: Die gestockte Tortilla auf einen flachen Topfdeckel oder Teller **gleiten lassen** *– und mit der* **Oberseite nach unten** *in die Pfanne zurückzaubern. Der Trick: Die Tortilla mit einem zweiten flachen Teller »in die Zange nehmen«, dann* **wenden und sanft** *ins heiße Fett gleiten lassen.*

Weich, aber »al dente« – so lassen wir uns Nudeln und Reis am liebsten schmecken. Aber warum nicht auch einmal **knusprig gratiniert**, im **Papierpäckchen** gegart oder sanft gedämpft? Denn siehe da: Nach dem Gang ins kochende Wasser eine weitere **Gartechnik** angewandt, und Reis und Pasta **verwandeln sich** in einfach besondere Gerichte – etwa zur Risottopizza oder zum Nudelnest. Die sich beim genüsslichen Verzehr auch noch richtig **spannend** anfühlen!

NUDELN & REIS

Spaghetti mit ofengebratenen Tomaten

Ein schnelles Gericht für heiße Sommertage, das **garantiert allen schmeckt:** sonnengereifte Kirschtomaten **mit Zitronenschale, Chili** und Knoblauch im Ofen gebraten und mit reichlich aromatischem Basilikum und Pasta gemischt.

ZUBEREITUNGSZEIT: CA. 35 MIN.
PRO PORTION: CA. 585 KCAL
FÜR 4 PERSONEN

600 g Kirschtomaten
6–8 frische Knoblauchzehen
1 Bio-Zitrone
8 EL Olivenöl
1/2–1 TL Pulbiber (Chiliflocken vom türkischen Lebensmittelhändler)
Salz | schwarzer Pfeffer, grob gestoßen
350 g Spaghetti
1/2–1 Bund Basilikum
80 g Pecorino mit Pfeffer (oder Parmesan)

1 Den Backofen auf 200 °C vorheizen. Die Tomaten waschen und quer halbieren, Knoblauchzehen schälen und längs halbieren. Zitrone heiß waschen, trocknen und die Schale am besten mit einem Zestenreißer in kurzen Stücken abschälen. Tomaten, Knoblauch Zitronenschale und Olivenöl mischen.

2 Alles so auf der Fettpfanne des Backofens verteilen, dass die Schnittflächen der Tomaten nach oben liegen. Tomaten mit Pulbiber, Salz und grob gestoßenem Pfeffer bestreuen. Tomaten im Backofen (Mitte, Umluft nicht empfehlenswert) 25 Min. braten.

3 Inzwischen die Spaghetti in reichlich kochendem Salzwasser nach Packungsanweisung kochen. Die Basilikumblättchen abzupfen, in einen Becher geben und mit einer Schere grob zerschneiden.

4 Die Spaghetti abgießen und tropfnass mit Tomaten und Basilikum mischen. Pecorino darüber raspeln.

GARVARIANTE: GEDÜNSTETE TOMATEN MIT MOZZARELLA
800 g mittelgroße reife Tomaten auf der runden Seite kreuzweise einschneiden, in kochendem Wasser kurz blanchieren, abschrecken und häuten. Tomaten in je 6 Stücke schneiden, dabei den Stielansatz entfernen. 3 Knoblauchzehen schälen und quer in dünne Scheiben schneiden. 4 EL Olivenöl in einer Pfanne erhitzen, Knoblauch darin bei mittlerer Hitze glasig dünsten. Tomaten unterheben, zugedeckt bei kleiner Hitze 5 Min. dünsten. Inzwischen die Spaghetti nach Packungsanweisung kochen. Tomaten mit Salz, Pfeffer und 1 Prise Zucker würzen. Basilikum klein schneiden. Spaghetti abgießen, kurz abtropfen lassen und zu den Tomaten geben. Basilikum und 125 g gewürfelten (Büffel-)Mozzarella unterheben.

Bandnudeln **einfach** selbst machen: Mit Hilfe einer **Nudelmaschine** kann man aus dem Teig je nach Walze feine oder breite **Streifen schneiden.**

Bandnudeln – vier Mal anders weitergegart

ZUBEREITUNGSZEIT: CA. 1 STD.
RUHEZEIT: MIND. 2 STD.
FÜR 4 PERSONEN

BASISREZEPT

300 g Mehl (+ Mehl für die Arbeitsfläche)
Salz | 3 Eier | 1 Eigelb
2 EL Olivenöl (+ Öl zum Bestreichen)
Hartweizengrieß zum Bestreuen

Mehl und 1 TL Salz in eine Schüssel sieben, Eier, Eigelb und das Öl in eine Mulde in der Mitte geben. Mit den Knethaken des Handrührers zu einem Teig verkneten. Auf der leicht bemehlten Arbeitsfläche mit den Händen durchkneten, zur Kugel formen, dünn mit Öl bestreichen und in Folie gewickelt mindestens 2 Std. ruhen lassen.
Teig in 4 Stücke teilen, jedes auf wenig Mehl durchkneten, flach drücken, abdecken. Nacheinander die Stücke von Stufe 1–6 durch die glatten Walzen der Nudelmaschine drehen, dabei fein mit Grieß bestreuen. Teigplatten in 40 cm lange Stücke schneiden, durch die Bandnudelwalze drehen. Auf ein mit Grieß bestreutes Blech legen.
Reichlich Wasser in einem großen Topf aufkochen, salzen. Nudeln darin 2–3 Min. sprudelnd kochen und abgießen.

1. GARVARIANTE: **BANDNUDELN MIT MOHN-KÄSE-SAUCE**

6 Sardellenfilets (aus dem Glas) mit einer Gabel zerdrücken. 4 schlanke Frühlingszwiebeln in feine Ringe schneiden und in 2 EL Olivenöl glasig dünsten. Die Sardellen und 150 ml Gemüsebrühe zugeben, aufkochen, 150 g Ziegenfrischkäse darin unter Rühren schmelzen lassen. 2 EL Mohnsamen und 6 EL Sahne unterrühren. Breit geschnittene Bandnudeln kochen, abgießen und tropfnass mit der Sauce mischen. Mit 150 g geviertelten Kirschtomaten anrichten, mit grob gestoßenem Pfeffer bestreuen.

2. GARVARIANTE: **FEINE BANDNUDELN AL CARTOCCIO**

300 g halbierte grüne Bohnen 8 Min. blanchieren. 250 g TK-Dicke-Bohnen 3 Min. blanchieren, häuten, mit grünen Bohnen, 300 g eingeschnittenen Kirschtomaten, 2 TL geh. Knoblauch, 1 TL abger. Zitronenschale, Salz und Pfeffer mischen. Feine Bandnudeln kochen. Abgetropft (Wasser auffangen) mit 8 EL Olivenöl und Gemüse mischen. Auf 4 Bögen Backpapier (40 x 40 cm) geben, 200 g Feta darauf krümeln. Je 4 EL Nudelwasser zugeben, Bögen zu Päckchen schließen. Bei 200 °C (180 °C Umluft) 15 Min. garen.

3. GARVARIANTE: **GRATINIERTE FEINE NUDELNESTER**

Feine Bandnudeln kochen, abschrecken und abgetropft mit 40 g flüssiger Butter und 50 g geriebenem Parmesan mischen. Mit einer Fleischgabel zu lockeren Nestern drehen, in eine gefettete Auflaufform setzen. Die Nestöffnungen etwas vergrößern. 2–3 gehackte Knoblauchzehen mit 120 g Schinkenwürfelchen mischen, hineingeben. 3 Eier, 250 g Sahne, 30 g ger. Parmesan und Pfeffer verrühren. Über die Nudeln geben, diese mit etwas flüssiger Butter bepinseln. Bei 200 °C (180 °C Umluft) 20–25 Min. backen.

4. GARVARIANTE: **GEBRATENE BANDNUDELN**

Gekochte abgetropfte Nudeln mit 2 EL Öl mischen. 250 g Rindergeschnetzeltes, 20 g geh. Ingwer und 2 EL Sojasauce mischen. Nudeln im Wok in 2 EL Öl 3 Min. pfannenrühren, herausheben. 300 g feine Möhrenscheiben 2 Min. pfannenrühren, 1 gehackte Knoblauchzehe kurz mitbraten, alles herausheben. Fleisch im Wok braun braten, herausheben. 200 g TK-Erbsen mit 1 EL geröstetem Sesamöl 2 Min. pfannenrühren. Fleisch, Möhren und Nudeln zugeben, erhitzen, mit Sojasauce und süßscharfer Chilisauce abschmecken.

Farfalle mit gebratenen Steckrüben und Nordseekrabben

Die Kombination von Pasta, Steckrüben, Tomaten und Krabben erscheint zunächst verwunderlich. Durch Basilikum und Olivenöl bekommt die Sauce jedoch ein Aroma, das Sie begeistern wird.

ZUBEREITUNGSZEIT: CA. 45 MIN.
PRO PORTION: CA. 505 KCAL
FÜR 4 PERSONEN

400 g reife Fleischtomaten
750 g Steckrüben
2 Schalotten
2 EL Butterschmalz
geriebene Muskatnuss
Salz | Pfeffer aus der Mühle
400 ml Geflügelbrühe
300 g Farfalle
200 g Nordsee-Krabbenfleisch
1/2 Bund Basilikum
3 EL kaltgepresstes Olivenöl

1 Die Tomaten auf der runden Seite kreuzweise einschneiden, kurz in kochendem Wasser blanchieren, abschrecken und häuten. Tomaten entkernen und ohne Stielansatz würfeln. Steckrüben schälen und in 1 cm dicke Scheiben schneiden. Scheiben quer in 1/2 cm dicke bandnudelartige Streifen schneiden. Schalotten schälen und fein würfeln.

2 Butterschmalz in einer großen Pfanne erhitzen. Schalotten darin unter Rühren glasig braten. Steckrüben zugeben und kurz mitbraten. Mit Muskatnuss, Salz und Pfeffer würzen. Brühe zugeben, zugedeckt aufkochen und 6–8 Min. bei kleiner Hitze kochen lassen.

3 Die Nudeln in reichlich kochendes Salzwasser geben und nach Packungsanweisung kochen. Tomaten und Krabben unter die Steckrüben mischen. Basilikumblättchen abzupfen und in Streifen schneiden. Steckrüben mit Olivenöl und Basilikum würzen. Die Nudeln abgießen und tropfnass mit Steckrüben und Krabben mischen.

VARIANTE MIT CURRYNUDELN
Probieren Sie das Gericht einmal mit den selbst gemachten Currynudeln von Seite 110. Dafür können Sie den Nudelteig ganz nach Belieben auch durch die Nudelmaschine drehen und zu Bandnudeln schneiden.

VARIANTE MIT KOHLRABI
Dieses Gericht schmeckt im Sommer mit Kohlrabi knackig-aromatisch: Kohlrabi schälen und wie die Steckrüben klein schneiden. Statt mit Basilikum mit 3 EL gehackter Zitronenmelisse würzen.

»Guten Tag« oder »Buon giorno«? *Wenn sich Pasta al dente, saftig-pralle Tomaten und würziges Basilikum mit nussigen Steckrüben und zarten Nordseekrabben einlassen,* sind alle Sprachbarrieren *überschritten. Denn ein genüssliches »Mmmh …«* verstehen alle!

Curryfleckerl mit Brokkoli aus dem Wok

Nudeln selbst zu machen ist **weniger aufwändig**, als Sie vielleicht denken! Und das Currypulver gibt dem Teig neben einer tollen Farbe ein intensives Aroma, das von dem **scharf gewürzten Gemüse** aus dem **Wok** ergänzt wird.

ZUBEREITUNGSZEIT: CA. 1 STD.
RUHEZEIT: MIND. 2 STD.
PRO PORTION: CA. 515 KCAL
FÜR 4 PERSONEN

FÜR DIE CURRYNUDELN

300 g Mehl
4 TL Currypulver
Salz | 3 Eier | 1 Eigelb
2 EL Olivenöl (+ Öl zum Bestreichen)
Hartweizengrieß zum Arbeiten

FÜR DAS GEMÜSE

800 g Brokkoli
2–3 Knoblauchzehen
6 TL feine Kapern in Öl
4 Sardellenfilets (aus dem Glas)
1–2 TL Sambal oelek
4 EL Olivenöl
1–2 EL Limettensaft
Zucker

1 Mehl, Currypulver und Salz in eine Schüssel sieben, in die Mitte eine Mulde drücken. Eier, Eigelb und 2 EL Olivenöl mischen, in die Mulde geben und alles von der Mitte aus erst mit den Knethaken des Handrühres, dann auf der leicht bemehlten Arbeitsfläche mit den Händen zum glatten Teig verkneten. Nudelteig zur Kugel formen, dünn mit Öl bestreichen und in Folie gewickelt mindestens 2 Std. ruhen lassen.

2 Inzwischen den Brokkoli waschen, putzen und in kleine Röschen teilen. Den dicken Strunk schälen und in Stäbchen schneiden. Brokkoli in kochendem Salzwasser 3 Min. blanchieren, abschrecken und sehr gut abtropfen lassen. Knoblauch schälen und fein hacken. Kapern abtropfen lassen. Sardellen mit einer Gabel zerdrücken. Mit Knoblauch, Sambal oelek und den Kapern mischen.

3 Nudelteig in zwei Portionen teilen. Jede Portion durchkneten und auf der leicht bemehlten Arbeitsfläche 1 mm dünn ausrollen. Teig 5 Min. antrocknen lassen, dann fein mit Grieß bestäuben und in 10 cm breite Bahnen schneiden. Nudelbahnen aufeinander legen. Erst in 2 cm breite Streifen, dann in Quadrate (Fleckerl) schneiden. Auf ein fein mit Grieß bestreutes Backblech legen, bis alle Fleckerl fertig sind.

4 Reichlich Wasser aufkochen. Inzwischen einen Wok erhitzen, 4 EL Olivenöl darin verlaufen lassen. Brokkoli und Sambal-Kapern unter Rühren 4–5 Min. braten, warm stellen. Etwas Salz und die Nudeln ins kochende Wasser geben und in 2–3 Min. bissfest kochen. In einen Durchschlag abgießen und sofort tropfnass im Wok mit dem Brokkoli mischen. Mit Limettensaft und 1 Prise Zucker abschmecken.

Alle Teigzutaten in der Schüssel mit Hilfe des Handrührers oder von Hand zu einem glatten Nudelteig verkneten.

Den sehr dünn ausgerollten Teig erst in 2 cm breite Streifen, dann quer zu Quadraten schneiden.

Die bissfest gegarten Nudelfleckerl in einen Durchschlag abgießen und sofort tropfnass im Wok mit dem Brokkoli mischen.

Pappardelle mit gegrilltem Radicchio

Für dieses Gericht eignet sich am besten der längliche Radicchio di Treviso. Seine rotvioletten Blätter mit den fleischigen, weißen Rippen bilden an Chicorée erinnernde Kolben.

ZUBEREITUNGSZEIT: CA. 35 MIN.
PRO PORTION: CA. 770 KCAL
FÜR 4 PERSONEN

150 g Taleggio
30 g Pinienkerne
3–4 Knoblauchzehen
150 g Pancetta (oder durchwachsener Speck), ca. 1/2 cm groß gewürfelt
5 EL Olivenöl
1/2 TL Chiliflocken
2 Köpfe Radicchio
Salz | Pfeffer aus der Mühle
300 g Pappardelle
1/2 Bund glatte Petersilie

1 Taleggio 20 Min. ins Gefrierfach legen. Pinienkerne in einer Pfanne ohne Fett goldbraun rösten. Knoblauch schälen, in dünne Scheiben schneiden. Speckwürfel in 2 EL heißem Öl knusprig ausbraten, Knoblauch und Chiliflocken zugeben, 1 Min. mitbraten. Pinienkerne untermischen, alles in eine große ofenfeste Schüssel geben.

2 Radicchio im Ganzen waschen, putzen, längs vierteln und mit 2 EL Öl rundum bestreichen. Eine Grillpfanne erhitzen, wenig Öl darin verlaufen lassen und die Radicchioviertel darin bei mittlerer Hitze auf jeder Seite 2 Min. hellbraun grillen, salzen und pfeffern.

3 Backofen auf 180 °C vorheizen. Nudeln in reichlich kochendem Salzwasser nach Packungsanweisung kochen. Die Petersilie waschen, trockenschütteln und die Blättchen hacken. Käse würfeln.

4 Nudeln abgießen, tropfnass mit Pancettamischung, Petersilie, Taleggio (und eventuell 1 Kelle Nudelwasser) vermengen. Radicchio vorsichtig unterheben. Im heißen Ofen auf dem Rost (Mitte, Umluft nicht empfehlenswert) 8–10 Min. erhitzen, bis der Käse anfängt zu zerlaufen.

Penne mit Süßkartoffeln und Kichererbsen

Penne rigate sind für dieses Nudelgericht ideal, weil sie mit ihrer **geriffelten Oberfläche** die säuerlich scharfe Sauce **besonders gut aufnehmen** können. Wer Koriander nicht so gerne isst, kann ihn durch Basilikum ersetzen.

ZUBEREITUNGSZEIT: CA. 40 MIN.
PRO PORTION: CA. 590 KCAL
FÜR 4 PERSONEN

400 g orange Süßkartoffeln
1 Zwiebel
2 Knoblauchzehen
1 TL Kreuzkümmelsamen
4 EL Olivenöl | Salz
300 g Penne rigate
200 g Kirschtomaten
1 Bund Koriandergrün
1 Bio-Limette
1 Dose gegarte Kichererbsen (400 g Füllmenge)
1/2 TL Sambal oelek
60 g Pecorino mit Pfeffer

1 Süßkartoffeln schälen und in 1 cm große Würfel schneiden. Zwiebel und Knoblauch schälen. Zwiebel fein würfeln, Knoblauch hacken. Kreuzkümmel in einer Pfanne ohne Fett rösten, bis er anfängt zu duften. Herausnehmen und im Mörser fein zerkleinern.

2 Olivenöl in einem Topf erhitzen, die Zwiebeln darin glasig dünsten, Süßkartoffeln und Knoblauch untermischen, mit Salz und Kreuzkümmel würzen und zugedeckt bei kleiner Hitze 20 Min. weich dünsten.

3 In der Zwischenzeit die Penne nach Packungsanweisung in reichlich kochendem Salzwasser kochen. Kirschtomaten waschen und quer halbieren. Koriander abbrausen, trockenschütteln, die Blättchen mit den zarten Stielen hacken.

4 Die Limette heiß waschen, trocknen und 2 TL Schale abreiben. Den Limettensaft auspressen. Die Kichererbsen mit der Flüssigkeit, Sambal oelek, Limettenschale und Tomaten zu den Süßkartoffeln geben und erhitzen. Mit Salz und 3–4 EL Limettensaft abschmecken. Die Nudeln abgießen und tropfnass (eventuell 1 Kelle Nudelwasser zugeben) mit Sauce und Koriander mischen, Pecorino darüber hobeln.

GARVARIANTE: FRITTIERTE KICHERERBSEN
Möchten Sie Kichererbsen einmal in einer super-knusprigen Variante genießen? 2 Dosen Kichererbsen (à 400 g Füllmenge) in ein Sieb geben, abspülen und gut abtropfen lassen. Frittieröl auf 160 °C erhitzen. Kichererbsen portionsweise zwischen Küchenpapier trocknen, im heißen Öl in 6–8 Min. goldgelb und knusprig frittieren. Kichererbsen mit einem Schaumlöffel herausheben und kurz auf Küchenpapier abtropfen lassen. In einer Schüssel mit 2 TL Garam Masala oder Currypulver und Salz mischen. Die Knusperkichererbsen vor dem Servieren abkühlen lassen.

Doppelte Paarung, Genuss hoch zwei: **Sanft gedünstet** *und bissfest gekocht, Süßkartoffeln und Kichererbsen* **plus Penne und Pecorino** *– alles in allem ein wunderbar würziges Nudelgericht, das* **seine Fans** *nicht nur unter weit gereisten Vegetariern findet!*

Braten, gießen, schmoren, rühren – wenn Sie sich auf diese vier **Aktionen konzentrieren,** *zaubern Sie das perfekte Risotto:* **cremig, sämig,** *würzig, al dente. Der Zusatz-Clou: Kurzgebratene Rispentomaten obenauf geben den letzten Geschmacksschliff* **– perfetto!**

Petersilienrisotto

Italiener schwören auf die Reissorten Arborio, Carnaroli oder Vialone. Sie gehören allesamt zu den Rundkorn-Reissorten und sind ein wenig teurer als der einfache »Risottoreis« aus dem Supermarkt. Aber sie machen schon aus einem einfachen Risotto einen unvergleichlichen Genuss!

ZUBEREITUNGSZEIT: CA. 45 MIN.
PRO PORTION: CA. 480 KCAL
FÜR 4 PERSONEN

1 Zwiebel | 4 EL Olivenöl
40 g Butter
250 g Risottoreis
1–2 Knoblauchzehen
150 ml Weißwein
800 ml heiße Gemüsebrühe
1–2 Bund glatte Petersilie
40 g Parmesan, frisch gerieben
Salz | Pfeffer aus der Mühle
200 g Kirschtomaten an der Rispe

1 Die Zwiebel schälen und fein würfeln. 2 EL Öl und 20 g Butter erhitzen. Zwiebelwürfel und Reis darin bei mittlerer Hitze unter Rühren in 3 Min. glasig dünsten. Knoblauch schälen, dazupressen und unterrühren. Mit Weißwein ablöschen und diesen verdampfen lassen.

2 Bei kleiner Hitze offen 25 Min. schmoren, dabei nach und nach die heiße Brühe zugießen, der Reis soll knapp bedeckt sein. Dabei immer wieder umrühren.

3 Inzwischen die Petersilie waschen, trockenschütteln, Blättchen abzupfen und fein hacken. Petersilie, Parmesan und 20 g Butter unter den Risotto rühren, mit Salz und Pfeffer abschmecken. Zugedeckt auf der ausgeschalteten Kochstelle 5 Min. ruhen lassen.

4 Die Tomaten an der Rispe so vorsichtig waschen, so dass sie sich nicht ablösen. Die Rispe in 4 Stücke schneiden. 2 EL Öl in einer Pfanne erhitzen, Die Tomaten darin kurz braten, bis sie platzen, auf dem Petersilienrisotto anrichten.

GARVARIANTE: RISOTTOKÜCHLEIN MIT PILZEN
20 g getrocknete Mischpilze in 700 ml warmer Gemüsebrühe 30 Min. einweichen. Pilze durch ein Sieb geben, gut ausdrücken, Brühe dabei auffangen. Pilze hacken, Risotto mit der Pilzbrühe wie beschrieben zubereiten. Petersilie durch 1/2 Bund Thymian ersetzen, 80 g frisch geriebenen Parmesan unterrühren. Risotto vollständig abkühlen lassen. Daraus mit feuchten Händen 12 Küchlein formen, in 2 EL Mehl wenden und in 3 EL Öl goldbraun braten.

GARVARIANTE: RISOTTOPIZZA
1 Dose stückige Tomaten (425 g) in einem Sieb abtropfen lassen. Risotto wie beschrieben mit 60 g Parmesan und 50 g gewürfelten getrockneten Tomaten in Öl (Glas) zubereiten. 2 verquirlte Eigelbe unter den Risotto rühren, auf einem mit Backpapier ausgelegten Blech zu einer runden Fläche (26 cm Ø) verstreichen. Abgetropfte Tomaten mit 1 TL getrocknete italienische Kräuter, Salz und Pfeffer mischen. Auf dem Reis verteilen. Mit dünnen Scheiben von 60 g Cabanossi, 50 g Champignons und 3 Peperoni (aus dem Glas) belegen. Mit 100 g gewürfeltem Fontina bestreuen. Im auf 250 °C vorgeheizten Ofen (unten, Umluft nicht empfehlenswert) 20 Min. backen.

Schicht für Schicht **ganz verschiedene Geschmacksnuancen** *und -erlebnisse: körniger Reis und knusprig-goldbraune Kartoffelscheiben, dazwischen würzige chili-ingwer-scharfe Tomatensauce auf zartem Fischfilet. Schicht für Schicht wird der Topf* **ganz schnell wieder leer …**

Jemenitischer Reistopf mit Schwertfisch

Das Rezept für dieses Reisgericht stammt von der jemenitischen Küste, wo gerne **reichlich Fisch** gegessen wird. Dort heißt es »Sayadiah«, und die **würzige Tomatensauce** »Kushna«, die mit in den Eintopf **eingeschichtet** wird, ist oft um ein Vielfaches schärfer.

ZUBEREITUNGSZEIT: CA. 1 STD. 20 MIN.
PRO PORTION: CA. 680 KCAL
FÜR 4 PERSONEN

600 g Schwertfischfilet in 2 cm dicken Scheiben
2 TL Harissa (nordafrikanische Chilipaste, z. B. aus dem türkischen Lebensmittelladen oder aus dem Bioladen)
180 g Tomaten
2 Zwiebeln
3 Knoblauchzehen
1–2 grüne Chilischoten
20 g frischer Ingwer
2 Kardamomkapseln
1 TL Kreuzkümmel
8 EL Öl
1/2 TL Kurkuma
180 g Langkornreis
Salz | 200 g Kartoffeln
6 Zweige glatte Petersilie

1 Das Fischfilet trockentupfen und rundherum mit Harissa bestreichen, abgedeckt kalt stellen. Tomaten auf der runden Seite über Kreuz einritzen, in kochendem Wasser kurz blanchieren, abschrecken und häuten. Tomaten würfeln. Zwiebeln und Knoblauch schälen, Zwiebeln fein würfeln, Knoblauch hacken. Chilischoten waschen, längs halbieren, Trennwände und Samen entfernen, das Fruchtfleisch hacken. Ingwer dünn schälen und hacken.

2 Kardamomkapseln aufbrechen, die Kerne und den Kreuzkümmel in einer Pfanne ohne Fett rösten, bis die Gewürze anfangen zu duften. Herausnehmen und im Mörser fein zerkleinern. 2 EL Öl in der Pfanne erhitzen, Zwiebeln, Knoblauch, Chili und Ingwer darin unter Rühren andünsten. Tomaten, Kardamom, Kreuzkümmel und Kurkuma unterrühren und mit so viel Wasser auffüllen, dass alle Zutaten bedeckt sind. Bei starker Hitze offen dicklich einkochen lassen.

3 Inzwischen den Reis in kochendes Salzwasser geben und 10 Min. kochen lassen. Die Kartoffeln schälen und in 1/2 cm dicke Scheiben schneiden. 4 EL Öl erhitzen, Kartoffeln darin bei mittlerer Hitze goldbraun braten. Salzen und herausheben. Schwertfisch salzen und im heißen Bratfett auf jeder Seite 1 Min. braten. Herausheben. Die Sauce salzen. Reis kurz abtropfen lassen.

4 In einem großen Topf 2 EL Öl erhitzen. Darauf die Hälfte vom Reis, Fisch, Sauce, Kartoffeln und restlichen Reis schichten. Zwischen Topf und Deckel ein Geschirrtuch klemmen und bei kleiner Hitze 30 Min. gar ziehen lassen. Petersilie abbrausen, trockenschütteln, die Blättchen abzupfen und das Gericht damit garnieren.

Gedämpfte Hähnchen-Reis-Bällchen

Hier können Sie zaubern: Aus unscheinbaren Hackbällchen im Klebreismantel werden wunderschöne Igelchen, der Hit auf jedem Partybuffet!

EINWEICHZEIT: ÜBER NACHT
ZUBEREITUNGSZEIT: CA. 45 MIN.
PRO PORTION: CA. 475 KCAL
FÜR 4 PERSONEN

200 g Klebreis (Asia-Laden)
600 g Hähnchenbrustfilet
3 Frühlingszwiebeln
1 Knoblauchzehe
40 g frischer Ingwer
1 Bund Koriandergrün
4 EL Sojasauce
2 EL Reiswein
1 Eiweiß
700 g Chinakohl
1 große Möhre (150 g)
4 EL Öl
2–3 EL süße Sojasauce

1 Den Klebreis über Nacht in kaltem Wasser einweichen. Abgießen und abtropfen lassen. Hähnchenbrustfilet kalt waschen, mit Küchenpapier trockentupfen, mit einem sehr scharfen Messer sehr fein würfeln und im Blitzhacker zerkleinern, kalt stellen. Frühlingszwiebeln waschen, putzen und das Weiße und Hellgrüne in feine Ringe schneiden. Knoblauch schälen, Ingwer dünn schälen, beides fein hacken. Koriander abbrausen, trockenschütteln und die Blättchen mit den zarten Stielen fein hacken.

2 Hähnchenhack, Frühlingszwiebeln, Knoblauch, die Hälfte vom Ingwer und den Koriander verkneten. 2 EL Sojasauce, Reiswein und Eiweiß unterarbeiten. Zwei Dampfkörbe (18 cm Ø) mit großen Chinakohlblättern auslegen (Alternative ohne Korb, siehe unten). Klebreis auf einem flachen Teller ausbreiten. Aus dem Hackteig mit feuchten Händen walnussgroße Kugeln formen. Im Klebreis wälzen und in die Körbe auf den Kohl setzen. Dabei zwischen den Bällchen etwas Abstand lassen. Dampfkörbe übereinander setzen und verschließen.

3 Körbe in einen Wok (oder Topf) stellen und so viel Wasser zugießen, dass die Hackbällchen gerade nicht berührt werden. Das Wasser aufkochen und die Hackbällchen zugedeckt bei mittlerer Hitze etwa 20–25 Minuten dämpfen.

4 Inzwischen den restlichen Chinakohl längs vierteln und in fingerdicke Streifen schneiden. Möhre putzen und schälen. Erst in 5 cm lange Stücke, dann dünne Scheiben, dann in Stifte scheiden. Fertige Hackbällchen warm stellen. 2 EL Öl im Wok erhitzen, restlichen Ingwer, Chinakohl und Möhren darin unter Rühren 3 Min. kurzbraten, herausheben. Restliches Gemüse in 2 EL Öl ebenso braten. Alles Gemüse im Wok mit 2 EL Sojasauce und süßer Sojasauce abschmecken und mit den Hackbällchen anrichten.

TIPP Wer keinen Dämpfkorb besitzt, setzt die Hackbällchen auf Chinakohl einfach auf einen großen Teller. Eine wassergefüllte Tasse in einen Topf stellen. Wasser zugießen und den Teller auf die Tasse stellen. Zugedeckt wie beschrieben dämpfen.

Von ***heißem Wasserdampf umspielt*** *entfalten sich die feinen Aromen von Ingwer, Koriander und Konsorten ganz langsam und gehen den Bällchen* ***durch und durch.*** *Ob als leichtes Mittagessen oder auf dem Büfett: Die Gabelhappen werden im Nu aufgepiekst und im Mund* ***verschwunden sein*** *– versprochen!*

Bratreis mit mariniertem Rinderfilet und Ei

Hier ist es wichtig, dass der Reis nach dem Kochen ganz auskühlt, damit er beim Braten fest bleibt. Am einfachsten gelingt dieses Wokgericht mit gekochtem Reis vom Vortag.

ZUBEREITUNGSZEIT: CA. 35 MIN. (+ ABKÜHLZEIT)
PRO PORTION: CA. 415 KCAL
FÜR 4 PERSONEN

200 g Langkornreis | Salz
200 g Rinderfilet
2 EL trockener Sherry (oder Orangensaft)
2 EL süße Sojasauce
3 EL Austernsauce
5 EL Brühe
150 g Brokkoli
1 große rote Paprikaschote
100 g Bambussprossen (aus der Dose)
3 Frühlingszwiebeln
1 Knoblauchzehe
20 g frischer Ingwer
5 EL Öl
Pfeffer aus der Mühle | 2 Eier
1/2 Bund Koriandergrün

AUSSERDEM

1 großer Gefrierbeutel

1 Den Reis waschen (siehe Seite 28) und in einem Topf mit 500 ml Salzwasser offen 5 Min. sprudelnd kochen lassen, bis nur noch eine dünne Wasserschicht auf der Oberfläche steht. Reis nun zugedeckt bei kleinster Hitze auf der Kochstelle oder im Backofen (siehe Seite 28, keine Umluft!) 20 Min. ausquellen lassen. Auf einem Backblech ausbreiten und ganz auskühlen lassen.

2 Inzwischen das Fleisch quer zur Faser erst in dünne Scheiben, dann in Streifen schneiden. In einem Gefrierbeutel mit Sherry, Soja- und Austernsauce und Brühe mischen, verschließen und marinieren, bis das Gemüse vorbereitet ist. Gelegentlich durchmischen.

3 Brokkoli waschen, putzen und in kleine Röschen teilen. Paprika waschen, putzen, vierteln, Trennwände und Samen entfernen. Paprikaviertel längs in schmale Streifen schneiden. Bambussprossen abtropfen lassen, in schmale Stifte schneiden. Frühlingszwiebeln waschen, putzen und das Weiße und Hellgrüne schräg in 1/2 cm dicke Ringe schneiden. Knoblauch schälen, Ingwer dünn schälen. Beides fein hacken.

4 Einen Wok oder eine große Pfanne erhitzen, 3 EL Öl zugeben und den Reis darin unter Rühren 6–8 Min. braten. Herausnehmen und warm stellen. Fleisch abtropfen lassen, Marinade dabei auffangen. 2 EL Öl im Wok erhitzen. Frühlingszwiebeln, Ingwer und Knoblauch darin kurz pfannenrühren. Paprika zufügen und 1 Min. mitbraten, Brokkoli und Bambussprossen dazugeben und 1 weitere Min. braten. Fleisch zufügen und 1–2 Min. pfannenrühren. Fleischmarinade zugeben, mit Salz und Pfeffer würzen. Reis unterrühren.

5 Hitze reduzieren. Die Eier verquirlen, in den Wok gießen und unter Rühren langsam stocken lassen. Koriander abbrausen, trockenschütteln, die Blättchen abzupfen und über den gebratenen Reis streuen.

TIPP Kleingeschnittenes – ob Gemüse, Fisch, Geflügel oder Fleisch –, das gleichzeitig in den Wok gegeben und pfannengerührt werden soll, muss etwa die gleiche Größe haben, damit es zum gleichen Zeitpunkt gar ist.

Pfannenrühren im Wok: **kurzes Kurzbraten.** *Denn Reis, Fleisch und Gemüse werden bei starker Hitze ganz, ganz schnell und im Schnitt nur wenige Minuten in der Asia-Pfanne* **umhergewirbelt.** *Was für die* **richtige Konsistenz** *von knackig-frisch bis zart-saftig sorgt. Und – selbstredend – für vollendeten Genuss!*

Sie wollen mit Garmethoden mal nach Lust und Laune experimentieren? Dann sind Sie hier genau richtig. Denn ob Kartoffeln, Zucchini oder Kichererbsen, mit ihnen lässt sich (fast) alles machen: Kochen, Braten, Backen, Frittieren, Grillen, Schmoren – ganz wie es Ihnen beliebt. Was dabei an aufregenden Ergebnissen herauskommt, zeigen die folgenden Seiten. Lassen Sie sich inspirieren!

KARTOFFELN, GEMÜSE & HÜLSENFRÜCHTE

Gebackene Süßkartoffeln mit Ziegenfrischkäse

Baked potatoes einmal hocharomatisch anders. Auf einem Meersalzbett mit mediterranen Kräutern backen die Süßkartoffeln im Ofen, während eine würzige Ziegenfrischkäsecreme mit Basilikum gerührt wird.

ZUBEREITUNGSZEIT: CA. 1 STD. 15 MIN.
PRO PORTION: CA. 833 KCAL
FÜR 4 PERSONEN

1 kg grobes Meersalz
2 Zweige Rosmarin
12 Zweige Thymian
6 frische Lorbeerblätter
8 orange Süßkartoffeln à ca. 200 g
250 g Magerquark
2 Packungen Ziegenfrischkäse à 150 g
Salz | Pfeffer aus der Mühle
1 Bund Basilikum
1 Knoblauchzehe
50 g Butter
40 g Mandelstifte
50 g Akazienhonig

1 Den Backofen auf 180 °C Ober-/Unterhitze vorheizen. Das Meersalz auf einem Backblech verteilen. Rosmarin in je vier gleich große Stücke schneiden. Rosmarin und 8 Thymianzweige abbrausen und trockenschütteln. Lorbeerblätter mit einer Schere mehrfach einschneiden und mit den restlichen Kräutern gleichmäßig im Meersalz verteilen. Süßkartoffeln gründlich waschen und auf das Meersalzbett setzen. Im heißen Ofen (unten, Umluft nicht empfehlenswert) 1 Std. backen.

2 Inzwischen die Flüssigkeit vom Quark abgießen. Quark und Ziegenfrischkäse verrühren, salzen und pfeffern. Die Basilikumblättchen abzupfen, in feine Streifen schneiden und unter den Quark rühren. Abgedeckt beiseite stellen.

3 Restlichen Thymian abbrausen, trockenschütteln und die Blättchen abzupfen. Knoblauch schälen und fein hacken. Butter in einer kleinen Pfanne zerlassen, Mandelstifte darin bei mittlerer Hitze goldbraun braten. Knoblauch und Thymian zugeben und kurz mitbraten. Von der Kochstelle nehmen, Honig unterrühren und salzen. Beiseite stellen.

4 Kurz vor dem Servieren die Mandelbutter unter Rühren erhitzen. Kartoffeln über Kreuz einschneiden, aufdrücken und mit Ziegenfrischkäse-Creme anrichten, Mandelbutter darüber träufeln.

Hier mausert sich ein schlichtes Beilagengericht zum vierfach veredelten ebenbürtigen Partner des Hauptdarstellers eines Menüs.

Salzkartoffeln – vier Mal anders weitergegart

ZUBEREITUNGSZEIT: CA. 40 MIN.
FÜR 4 PERSONEN

BASISREZEPT

800 g Kartoffeln
Salz

Kartoffeln am besten mit einem Sparschäler schälen. Vorhandene Augen mit einem spitzen Messer ausstechen. Kartoffeln kurz waschen, in gleich große Stücke schneiden und in einen Topf geben. Kartoffeln knapp mit kaltem Wasser bedecken, zugedeckt aufkochen und salzen. Bei kleiner Hitze 20–25 Min. kochen lassen.
Die Kartoffeln abgießen und auf der ausgeschalteten Kochstelle 2 Min. abdämpfen lassen. Dabei am Topf rütteln, damit die Kartoffeln nicht am Topfboden ansetzen.

1. GARVARIANTE: KARTOFFELPÜREE

800 g mehlig kochende Kartoffeln wie im Salzkartoffelrezept S. 124 beschrieben kochen und abdämpfen lassen. 200 ml Milch und 100 g Sahne in einem weiten Topf aufkochen und wieder von der Kochstelle nehmen. Die Kartoffeln durch eine Kartoffelpresse in die heiße Milch treiben und mit einem Kochlöffel unterrühren. 40 g Butter untermischen und das Püree mit Salz und frisch geriebener Muskatnuss würzen.

2. GARVARIANTE: HERZOGINKARTOFFELN

500 g mehlig kochende Kartoffeln wie beschrieben kochen. Im Topf im Ofen (150 °C) 10 Min. abdämpfen lassen. Durch die Presse treiben, 10 g Butter und 1 Ei unterarbeiten, mit Salz und Muskat würzen. Masse in einen Spritzbeutel mit Sterntülle geben, Rosetten auf ein mit Backpapier belegtes Blech spritzen. 1 Eigelb und 2 EL Milch verrühren, Rosetten damit bestreichen. Im vorgeheizten Ofen (200 °C, unten, 180 °C Umluft) in 15–20 Min. goldgelb backen.

3. GARVARIANTE: KARTOFFEL-MANDEL-BÄLLCHEN

500 g mehlig kochende Kartoffeln wie in der 2. Garvariante beschrieben zu Kartoffelmus verarbeiten und würzen. Frittieröl auf 180 °C erhitzen. 1 Eiweiß auf einem Teller verkleppern, 200 g Mandelblättchen auf einen weiteren Teller geben. Mit bemehlten Händen aus dem Kartoffelteig Bällchen (3 cm Ø) rollen, im Eiweiß, dann in den Mandeln wenden. Portionsweise goldbraun frittieren. Auf einem mit Küchenpapier belegten Blech im Backofen bei 100 °C warm halten, bis alle Bällchen frittiert sind.

4. GARVARIANTE: KALTE KARTOFFEL-KOKOS-SUPPE

4 Frühlingszwiebeln in Ringe schneiden, in 2 El Öl glasig dünsten. 300 g Kartoffeln wie beschrieben kochen, klein schneiden. Mit Zwiebeln, 500 ml Gemüsebrühe und 400 ml ungesüßter Kokosmilch zugedeckt aufkochen. 20 Min. bei kleiner Hitze kochen lassen, alles fein pürieren. Die Suppe mit 2 TL abgeriebener Limettenschale, 3–4 EL Limettensaft, Salz und Cayennepfeffer abschmecken, kalt stellen. 3–4 EL griechischen Sahnejoghurt in die Suppe rühren, mit Chiliwürfelchen und Korianderblättchen anrichten.

Bratkartoffeln aus gegarten Kartoffeln

In der richtigen Pfanne, mit dem richtigen Fett, Speck und Zwiebeln sowie einer kleinen Portion Geduld können aus Pellkartoffeln herrlich braun-knusprige Bratkartoffeln werden. Wichtig: Die Zwiebeln nicht zu früh mitbraten, damit sie nicht verbrennen.

ZUBEREITUNGSZEIT: CA. 50 MIN.
PRO PORTION: CA. 330 KCAL
FÜR 4 PERSONEN

600 g kleine fest kochende Kartoffeln
60 g durchwachsener Speck
60 g Butterschmalz
2 Zwiebeln
Salz | Pfeffer

1 Kartoffeln waschen und in einen Dämpfeinsatz geben. Den Dämpfeinsatz so in einen Topf mit Wasser setzen, dass Kartoffeln und Wasser keinen Kontakt haben. Wasser zugedeckt aufkochen und die Kartoffeln bei mittlerer Hitze 20–25 Min. dämpfen. Kartoffeln heiß pellen und ganz auskühlen lassen.

2 Die Kartoffeln am besten mit einem Eierschneider in gleich dicke Scheiben schneiden. Speck würfeln. Die Hälfte Butterschmalz in einer großen Pfanne erhitzen, Speck darin bei mittlerer Hitze knusprig braten.Die Kartoffelscheiben darauf geben und bei mittlerer Hitze 10 Min. braten, ohne die Kartoffeln zu wenden. Inzwischen die Zwiebeln schälen und fein würfeln.

3 Kartoffeln dann bei stärkerer Hitze knusprig braten. Mit den Zwiebeln bestreuen. Das restliche Butterschmalz am Pfannenrand schmelzen lassen. Kartoffeln vorsichtig wenden und bei mittlerer Hitze 5 Min. anbraten. Anschließend bei stärkerer Hitze knusprig braten. In der Pfanne durchrütteln, salzen und pfeffern und sofort servieren.

VARIANTE MIT TOMATEN UND MOZZARELLA
Kartoffeln ohne Speck wie beschrieben in 6 EL Öl braten, mit 2 TL getrockneten italienischen Kräutern würzen. Vor dem Wenden 250 g Zucchini in 1/2 cm dicken Scheiben zugeben, Kartoffeln fertig braten. 80 g in Scheiben geschnittene dünne Ringsalami unterheben. 150 g Kirschtomaten halbieren, auf den Kartoffeln verteilen, alles mit 125 g Mozzarellawürfeln bestreuen. Pfannengriff mit Alufolie umwickeln, damit er nicht verbrennt. Kartoffeln unter dem heißen Backofengrill goldbraun gratinieren.

VARIANTE LAUWARMER BRATKARTOFFELSALAT
Kartoffeln ohne Speck und Zwiebeln wie beschrieben in 6 EL Öl braten. Inzwischen 3 Schalotten schälen und in feine Ringe schneiden, 1 Bund Radieschen in dünne Scheiben hobeln. 200 g Fleischwurst längs halbieren, quer in 1/2 cm dicke Scheiben schneiden. 5 EL Obstessig, 4 EL Gemüsebrühe, 2 TL mittelscharfen Senf, Salz und Pfeffer verquirlen, 3 EL Olivenöl untermischen. Bratkartoffeln in einem Sieb kurz abtropfen lassen, mit Marinade, Schalotten, Radieschen und Wurst mischen und mit Gartenkresse garnieren.

Wenn ich **rundum knusprig-braune** *Bratkartoffeln serviere, rufen meine Gäste* **regelmäßig** ***»Hurra!«*** *Weil alle den Pfannenklassiker heiß und innig lieben,* **aber nur wenige** *ihn richtig hinbekommen. Darum hier mein Leib- und Magenrezept –* **schön würzig** *mit Speck und Zwiebeln, und mit Kartoffeln vom Vortag.*

Soufflékartoffeln mit Räucherlachsfüllung

Steakhouse-Küche auf höchstem Niveau: Ofenkartoffeln werden ausgehöhlt und mit einem lecker-lockeren Teig aus würzigen Zutaten gefüllt. Ein weiterer Gang ins heiße Rohr, und aus schlichten »Baked Potatoes« werden edle Luftikusse …

ZUBEREITUNGSZEIT: CA. 1 STD. 40 MIN.
BACKZEIT: 1 STD. 20 MIN.
PRO PORTION: CA. 360 KCAL
FÜR 4 PERSONEN

4 große Kartoffeln à ca. 250 g
1 EL Öl | Salz | 2 Eier
25 g getrocknete Tomaten in Öl
125 g Stremel-Lachs (heiß geräucherte Stücke/Streifen von Lachs)
1/2 Bund Schnittlauch
20 g Butter
8 EL Milch
1 EL feine Kapern (aus dem Glas)
Pfeffer aus der Mühle

1 Den Backofen auf 200 °C Ober-/Unterhitze vorheizen. Die Kartoffeln gründlich waschen, abbürsten und trocknen. Mit einer Gabel rundherum mehrfach einstechen, mit Öl bestreichen und salzen. Kartoffeln auf ein Backblech setzen und im heißen Ofen (unten, Umluft nicht empfehlenswert) 1 Std. backen.

2 Inzwischen die Eier trennen, Eiweiß mit 1 Prise Salz steif schlagen und kalt stellen. Tomaten abtropfen lassen. Stremel-Lachs häuten und mit zwei Gabeln zerzupfen. Schnittlauch abbrausen, trockenschütteln, in feine Röllchen schneiden. Tomaten trockentupfen und fein würfeln.

3 Die Kartoffeln aus dem Ofen nehmen und jeweils einen 1 cm dicken Deckel abschneiden (Vorsicht: heiß!), Deckel aushöhlen. Die Kartoffeln ebenfalls aushöhlen, dabei einen 1/2 cm dicken Rand stehen lassen. Die Kartoffeln zurück auf das Blech setzen. Alles Fruchtfleisch mit einer Gabel fein zermusen und die Butter unterarbeiten. Milch erhitzen, Kartoffeln zugeben und mit einem Rührbesen untermischen. Die Eigelbe nacheinander unterarbeiten.

4 Den Lachs mit Schnittlauch, Tomaten und abgetropften Kapern unter die Kartoffelmasse rühren, salzen und pfeffern. Erst etwa ein Drittel vom Eischnee unterrühren, dann den restlichen Eischnee vorsichtig unterheben. Soufflémasse in die Kartoffeln verteilen und bei 180 °C Ober-/Unterhitze (Mitte) in 15–20 Min. goldbraun backen.

Durch die eingestochenen Löcher kann die Feuchtigkeit unter der Schale entweichen und die Schale wird knusprig.

Den Lachs häuten: Mit einem scharfen Messer in flachem Winkel unter der Haut entlangfahren. Die Haut dabei wegziehen.

Kartoffeln am besten mit einem Kugelausstecher aushöhlen, dabei mit einem Topfhandschuh oder Tuch festhalten.

Kartoffelcurry mit Tomaten und Spinat

Probieren Sie dieses Curry im Frühsommer **mit neuen Kartoffeln.** Ihre milde Süße ergänzt sich prima mit dem **erdigen Spinataroma** und der cremigen Kokosmilch.

ZUBEREITUNGSZEIT: CA. 1 STD.
PRO PORTION: CA. 465 KCAL
FÜR 4 PERSONEN

2 Zwiebeln | 2 Knoblauchzehen
30 g frischer Ingwer
1–2 große grüne Chilischoten
800 g mittelgroße Kartoffeln
3 EL Öl | 1 EL schwarze Senfkörner
1 TL Kurkuma
1 Dose ungesüßte Kokosmilch (400 g)
8–10 getrocknete Curryblätter
Salz | 4 große Tomaten
200 g junger Blattspinat | Zucker
50 g Cashewnüsse (geröstet und gesalzen)

1 Zwiebeln und Knoblauch schälen, die Zwiebeln in Ringe schneiden. Den Ingwer dünn schälen und mit dem Knoblauch hacken. Die Chilischoten waschen, halbieren, Trennwände und Samen entfernen, das Fruchtfleisch fein hacken. Kartoffeln schälen, längs und quer halbieren.

2 Das Öl in einem Topf erhitzen, den Senf darin unter Rühren anbraten, bis die Körner anfangen zu hüpfen. Zwiebeln zugeben, bei mittlerer Hitze glasig dünsten. Knoblauch, Ingwer, Chili und Kurkuma hinzufügen und unter Rühren 1 Min. mitbraten. Kartoffeln untermischen und weitere 2 Min. braten. Kokosmilch und Curryblätter dazugeben, salzen und zugedeckt aufkochen. Bei kleiner Hitze 10 Min. kochen lassen.

3 Inzwischen die Tomaten auf der runden Seite einritzen, in kochendem Wasser blanchieren, abschrecken und häuten. Tomaten vierteln und entkernen, dabei den Stielansatz entfernen. Spinat waschen, verlesen und die groben Stiele entfernen. Die Tomaten zu den Kartoffeln geben und weitere 5–8 Min. kochen lassen. Das Curry mit Salz und 1 Prise Zucker abschmecken. Spinat unterrühren und zusammenfallen lassen. Mit Cashewnüssen bestreut anrichten.

Ob **klassisch gegrillt** und mariniert, gebraten mit Nudeln, gefüllt geschmort, frittiert **oder in der Suppe:** Ganz schön **flexibel,** diese Zucchini!

Zucchini – fünf Mal anders gegart

FÜR 4 PERSONEN

1. GARVARIANTE

50 g getrocknete Tomaten in Öl
1–2 Knoblauchzehen | 4 EL Olivenöl
100 ml Weißwein | 1 Lorbeerblatt
1–2 EL weißer Aceto balsamico
Salz | Pfeffer aus der Mühle
4 Zucchini (à 200 g)
8 Zweige Oregano

1. GARVARIANTE: GEGRILLTE MARINIERTE ZUCCHINI

Die Tomaten abtropfen lassen, das Öl dabei auffangen. Knoblauch schälen, in einen kleinen Topf pressen, mit 3 EL Olivenöl, Weißwein und Lorbeer aufkochen und abkühlen lassen. Tomaten würfeln, mit Tomatenöl, Weinmischung und Aceto balsamico verrühren, salzen und pfeffern.
Die Zucchini waschen, putzen und längs in 1/2 cm dicke Scheiben schneiden. Eine Grillbratpfanne erhitzen und 1 EL Olivenöl darin verlaufen lassen. Zucchinischeiben darin portionsweise 2–3 Min. grillen, dabei einmal wenden. Zucchini in einer flachen Schale mit der Weißweinmarinade mischen. Den Oregano abbrausen, trockenschütteln, die Blättchen abzupfen, hacken und über die Zucchini streuen. Abgedeckt mindestens 2 Std. bei Zimmertemperatur marinieren.

2. GARVARIANTE: ZUCCHININUDELN

4 Zucchini à 200 g quer in feine Scheiben schneiden. 1 kleine rote Zwiebel schälen, in feine Halbringe schneiden. 3 EL Öl in einem Wok erhitzen, Zucchini und Zwiebeln darin 5 Min. pfannenrühren. 1 Knoblauchzehe und 80 g schwarze entsteinte Oliven hacken, mit 3 TL feinen Kapern 1–2 Min. mitbraten. Zucchini mit Zesten von 1/2 Zitrone, 1–2 EL Zitronensaft, Salz und Pfeffer würzen. 500 g nach Packungsanweisung gekochte frische Fettuccine (Kühlregal) unterheben, mit geriebenem Parmesan bestreuen.

3. GARVARIANTE: ZUCCHINI MIT BRÄTFÜLLUNG

4 Zucchini à 250 g längs halbieren, aushöhlen bis auf einen 1/2 cm dicken Rand. Aus 500 g groben rohen Bratwürsten das Brät drücken. Mit den Würfelchen von 1 kleinen roten Paprika, gehackten Blättchen von 1/2 Bund Petersilie und 6 Thymianzweigen mischen, in die Zucchini füllen. Mit 150 ml Gemüsebrühe in eine Auflaufform setzen. Im vorgeheizten Backofen (200 °C, Mitte, 180 °C Umluft) 20 Min. schmoren. Backofengrill vorheizen. Zucchini mit 100 g geraspeltem Ziegengouda bestreuen, goldbraun gratinieren.

4. GARVARIANTE: FRITTIERTE ZUCCHINISTREIFEN

2 TL abger. Zitronenschale, 3 EL Zitronensaft mit 1 TL Zucker, Salz, Pfeffer und 6 EL Olivenöl verrühren. 4 Zucchini à 180 g mit einem Sparschäler längs in Scheiben schneiden. Mit 120 g Mehl in einem Gefrierbeutel mischen, überschüssiges Mehl abschütteln. Zucchini portionsweise in 160 °C heißem Frittieröl in 1 Min. goldbraun frittieren, auf Küchenpapier abtropfen lassen. Mit 250 g Aprikosenachteln, grob zerzupften Blättern von 6 Zweigen Pfefferminze und 200 g zerbröckeltem Feta mischen. Sauce darüber träufeln.

5. GARVARIANTE: ZUCCHINI-KOKOS-SUPPE

800 g Zucchini raspeln. 1 gewürfelte Zwiebel in 2 EL Öl glasig braten. 3–4 TL grüne Currypaste kurz mitbraten. Zucchini unter Rühren 3 Min. mitbraten. Mit 400 ml Gemüsebrühe und 400 g ungesüßter Kokosmilch zugedeckt aufkochen, bei kleiner Hitze 10 Min. kochen lassen. 1 gehackte Knoblauchzehe mit den Zesten von 1/2 Bio-Orange, gehackten Blättchen von 1/2 Bund Koriandergrün und 4 Zweigen Pfefferminze mischen. Suppe pürieren, salzen, pfeffern, mit der Kräutermischung servieren.

Gebratene Auberginen mit Tomaten-Rucola-Salat

Gemüseschnitzel können Sie sich so gar nicht vorstellen? Hier kommt ein Rezept, das auch die Freunde des echten Wiener Schnitzels überzeugen wird: Auberginenscheiben mit Parmesan paniert und in Olivenöl gebraten.

ZUBEREITUNGSZEIT: CA. 40 MIN.
PRO PORTION: CA. 425 KCAL
FÜR 4 PERSONEN

600 g reife Romana-Tomaten
80 g grüne Oliven (mit Stein)
2 EL Zitronensaft | Zucker
Salz | Pfeffer aus der Mühle
1/2–1 Knoblauchzehe
3 EL Olivenöl
80 g Rucola
60 g Parmesan, frisch gerieben
80 g Semmelbrösel
Cayennepfeffer
50 g Mehl
1 TL getrockneter Oregano
2 Eier | 2 Auberginen (500 g)
Olivenöl zum Braten

1 Tomaten waschen und in kleine Würfel schneiden, dabei den Stielansatz entfernen. Die Oliven vom Stein schneiden. Zitronensaft, 1 Prise Zucker, Salz und Pfeffer verrühren, Knoblauch schälen und dazupressen. 3 EL Olivenöl mit einem Rührbesen unterschlagen. Mit Tomaten und Oliven mischen. Rucola verlesen, waschen und trockenschleudern. Rucola und Tomatensalat beiseite stellen.

2 Geriebenen Parmesan, Semmelbrösel und 1 kräftige Prise Cayennepfeffer auf einem flachen Teller mischen. Mehl, Oregano, Salz und Pfeffer auf einem weiteren flachen Teller mischen. Eier auf einem dritten Teller verkleppern. Auberginen waschen, putzen und in 1 cm dicke Scheiben schneiden.

3 2 EL Olivenöl erhitzen. Die Auberginen nacheinander beidseitig zuerst in der Mehlmischung, dann in den Eiern und schließlich in den Parmesan-Semmelbröseln panieren. Brösel dabei gut andrücken.

4 Auberginenscheiben portionsweise im heißen Olivenöl (je 2 EL)auf jeder Seite in 2–3 Min. goldbraun braten. Auf einem mit Küchenpapier ausgelegten Backblech im 80 °C heißen Backofen warm halten, bis alle Auberginen gebraten sind. Rucola unter die Tomaten heben und mit den Auberginenschnitzeln anrichten.

Nach dem Panieren sollten die Brösel noch gut angedrückt werden, damit sich die Hülle beim Braten nicht ablöst.

Auberginenscheiben portionsweise im heißen Öl goldbraun braten. Mit einem Schaumlöffel herausheben.

Die panierten Auberginenschnitzel auf dem Tomaten-Rucola-Salat anrichten. Sofort servieren.

Chicorée mit Hähnchen aus dem Wok

Gesundes Wintergemüse mal nicht im Salat. Moderne Züchtungen sind weniger bitter und harmonieren mit den asiatischen Gewürzen ganz wunderbar. Bei kurzer Garzeit behält Chicorée den Biss.

ZUBEREITUNGSZEIT: CA. 1 STD. 10 MIN.
PRO PORTION: CA. 290 KCAL
FÜR 4 PERSONEN

2 TL abgeriebene Schale von einer Bio-Limette
3 EL Limettensaft | 1 EL brauner Zucker
1 Knoblauchzehe | 30 g frischer Ingwer
2 kleine rote Chilischoten | 3 EL Sojasauce
300 g Hähnchenbrustfilet
200 g schlanke Möhren | 100 g Zuckerschoten
1 Bund Frühlingszwiebeln
400 g Chicorée | 120 g TK-Erbsen
6 EL Öl | 1 TL Speisestärke
125 ml Gemüsebrühe
Salz | Pfeffer aus der Mühle

1 Limettenschale, -saft und Zucker verrühren. Knoblauch dazupressen. Ingwer schälen und fein reiben. Chilis waschen, ohne Trennwände und Samen fein hacken. Beides mit der Sojasauce in die Limettensaftmischung rühren. Das Fleisch kalt waschen, mit Küchenpapier trockentupfen, quer in dünne Scheiben schneiden und in die Marinade geben.

2 Möhren schälen und schräg in dünne Scheiben schneiden. Zuckerschoten waschen, schräg halbieren. Frühlingszwiebeln waschen, putzen und den weißen und hellgrünen Teil schräg in 1 cm dicke Ringe schneiden. Chicorée längs halbieren, den Strunk keilförmig herausschneiden. Hälften quer in 2 cm breite Streifen schneiden. Erbsen in einem Sieb mit kochend heißem Wasser überbrühen, abtropfen lassen.

3 Hähnchen aus der Marinade heben und trockentupfen. In einem Wok 2 EL Öl erhitzen, das Fleisch darin unter Rühren anbraten, an den Rand des Woks schieben. 2 EL Öl zugeben und die Möhren darin 4 Min. unter Rühren braten, dann Zuckerschoten und Frühlingszwiebeln 4 Min. mitbraten. Das Gemüse an den Rand des Woks schieben, 2 EL Öl zufügen und den Chicorée 2 Min. pfannenrühren. Erbsen zugeben und alles gut mischen. Stärke und Brühe verrühren, zugießen und aufkochen. Nach Bedarf mit der Marinade, Salz und Pfeffer abschmecken.

Ganz schön deftig? Sieht nur so aus! Denn kurzes Blanchieren **und langes Schmoren** *entlocken »einfachen« Gemüsezwiebeln wunderbar* **süßlich-würzige Aromen.** *Das Prädikat »deftig« bekommen sie nur, wenn* **sie wie hier** *auf dem Bild ungeschält geschmort werden. Auch nicht zu verachten …*

Geschmorte gefüllte Gemüsezwiebeln

Ganz schön dicke Dinger: Gemüsezwiebeln werden blanchiert, ausgehöhlt und mit einer würzigen Füllung aus Bratwurstbrät und Pilzen in Brühe und Cidre geschmort. Ein wunderbar wärmendes Winteressen.

ZUBEREITUNGSZEIT: CA. 1 STD. 30 MIN.
PRO PORTION: CA. 430 KCAL
FÜR 4 PERSONEN

4 Gemüsezwiebeln à 350 g
Salz | 100 g braune Champignons
1 Knoblauchzehe
1 EL Butter | 1 EL Öl
1/2 Bund glatte Petersilie
3 grobe rohe Bratwürste (300 g)
Pfeffer aus der Mühle
120 ml Fleischbrühe
120 ml trockener Cidre
1–2 TL dunkler Saucenbinder
Fett für die Form

1 Gemüsezwiebeln in sprudelnd kochendem Salzwasser 15 Min. blanchieren. Inzwischen die Champignons putzen und fein hacken. Knoblauchzehe schälen. Butter und Öl erhitzen, Pilze darin anbraten. Den Knoblauch dazupressen und die Pilze unter Rühren 3–5 Min. braten, bis alle Flüssigkeit verdampft ist, abkühlen lassen.

2 Zwiebeln mit einem Schaumlöffel aus dem Wasser heben und mindestens 5 Min. in kaltem Wasser abkühlen lassen. Die Zwiebeln schälen, dabei den Wurzelansatz nur fein kappen, damit die einzelnen Zwiebelhäute zusammenhalten. Von den Zwiebeln einen Deckel abschneiden und die Zwiebeln so aushöhlen, dass ein 1 cm dicker Rand stehen bleibt. Das ausgehöhlte Zwiebelfleisch von 1 Zwiebel fein hacken. Das restliche Zwiebelfleisch anderweitig verwenden.

3 Den Backofen auf 200 °C Ober-/Unterhitze vorheizen. Petersilie abbrausen, trockenschütteln, Blättchen abzupfen und hacken. Brät aus den Würsten in eine Schüssel geben und mit dem gehackten Zwiebelfleisch, Pilzen und Petersilie mischen, salzen und pfeffern. Brätmasse in die Zwiebeln füllen und den Deckel aufsetzen. Zwiebeln in einen gefetteten Bräter setzen. Brühe und Cidre aufkochen und um die Zwiebeln gießen.

4 Die Zwiebeln im heißen Backofen zugedeckt auf dem Rost (unten, Umluft nicht empfehlenswert) 40 Min. schmoren. Nach 30 Min. den Deckel abnehmen und die Zwiebeln offen weiterschmoren. Zwiebeln vorsichtig aus dem Schmorfond heben und im ausgeschalteten Ofen warm halten. Den Schmorfond aufkochen und mit Saucenbinder leicht binden. Die gefüllten Zwiebeln mit der Sauce anrichten. Dazu passen Salzkartoffeln.

TIPP Zwiebeln oder genauso Schalotten vor dem Schälen für etwa 5 Min. in handwarmes Wasser legen: So quillt die trockene Außenhaut auf und lässt sich leichter abziehen.

Von »en papillote« spricht der Profi, wenn es ums Backen zarter Zutaten in schützender Papierhülle *geht. »Kleine,* feine Überraschungspäckchen *mit höchster Aromagarantie« – das beschreibt die Sache aber viel besser, wenn es ums Beeindrucken neugieriger* Gäste geht!

Hähnchenbrust mit Shiitakepilzen auf grünem Spargel »en papillote«

Hier können Sie einpacken: grünen Spargel, Shiitakepilze und Hähnchenbrust in **asiatischer** Marinade. Alles dämpft **im eigenen Saft** in den Päckchen im Ofen. Päckchen erst bei Tisch öffnen, denn dann entgeht niemandem etwas von der **köstlichen Aromavielfalt.**

ZUBEREITUNGSZEIT: CA. 50 MIN.
PRO PORTION: CA. 375 KCAL
FÜR 4 PERSONEN

6 EL Sojasauce
3 EL Reisweinessig (oder Obstessig)
2 EL flüssiger Honig
2 TL geröstetes Sesamöl
50 g Ingwer
4 Frühlingszwiebeln
750 g grüner Spargel | Salz
200 g Shiitakepilze (möglichst gleich groß)
4 kleine Hähnchenbrustfilets à 150 g
1/2 Bund Koriandergrün

AUSSERDEM

Küchengarn

1 Sojasauce, Essig, Honig und Sesamöl verrühren. Ingwer dünn schälen, etwa ein Viertel in dünne Scheiben schneiden und zur Sojasaucenmischung geben. Restlichen Ingwer fein reiben oder hacken. Frühlingszwiebeln waschen, putzen, nur das Hellgrüne und Weiße verwenden. 2 Zwiebeln fein würfeln, mit dem geriebenen Ingwer mischen. Die restlichen Zwiebeln in 5 cm lange, dünne Streifen schneiden und abgedeckt beiseite stellen.

2 Spargelstangen waschen, im unteren Drittel schälen und auf 20 cm kürzen. In kochendem Salzwasser 3 Min. blanchieren, abschrecken und sehr gut abtropfen lassen. Pilze putzen, dabei die Stiele einkürzen. Pilze am besten mit einem Eierschneider in Scheiben schneiden.

3 Den Backofen auf 200 °C (Umluft nicht empfehlenswert) vorheizen. Hähnchenbrüste kalt waschen und mit Küchenpapier trockentupfen, waagerecht ein-, jedoch nicht durchschneiden. Die Ingwer-Zwiebel-Mischung auf die Fleischtaschen verteilen. Hähnchenbrüste in der Sojasaucenmischung in einer flachen Schale 20 Min. marinieren, dabei gelegentlich wenden.

4 Spargelstangen auf 4 Backpapierbögen (je 39 x 25 cm) legen. Hälfte der Pilze, je 1 Hähnchenbrust und restliche Pilze darauf geben, Marinade darüber träufeln. Backpapier darüber zusammenfalten, Enden mit Küchengarn so zubinden, dass bonbonförmige Päckchen entstehen.

5 Päckchen auf ein Backblech setzen und im heißen Ofen (unten) 12–15 Min. – je nach Dicke der Hähnchenbrüste – backen. Koriander abbrausen, trockenschütteln und die Blättchen mit den zarten Stielen hacken, mit den Zwiebelstreifen mischen, nach dem Öffnen der Päckchen auf die Hähnchenbrüste streuen. Dazu passt Reis.

GARVARIANTE: **OFENGEBRATENE HÄHNCHENBRUST MIT PFANNENGERÜHRTEM SHIITAKEPILZ-SPARGEL-GEMÜSE**
Marinierte Hähnchenbrust in 2 EL Öl anbraten, in einer Form im auf 180 °C Ober-/Unterhitze vorgeheizten Backofen (Mitte, Umluft nicht empfehlenswert) in 15 Min. fertig braten. Spargel in Stücke schneiden. Im Wok in 2 EL Öl mit Pilzen und Frühlingszwiebelstreifen braten. Mit der Marinade ablöschen, abschmecken, Koriander darüber streuen. Mit Reis und Hähnchenbrüsten servieren.

Ratatouille aus dem Ofen mit Knoblauch-Baguette

Buntes Sommergemüse in herrlich konzentrierter Tomatensauce – der französische Klassiker wird hier im Ofen zubereitet, denn so behält das Gemüse Biss! Mit knusprigem Knoblauchbrot ein Hauptgericht nicht nur für Vegetarier.

ZUBEREITUNGSZEIT: CA. 1 STD. 15 MIN.
PRO PORTION: CA. 515 KCAL
FÜR 4 PERSONEN

2–3 rote Zwiebeln
je 1 große rote und orange Paprikaschote
4 große Flaschentomaten
2 Zucchini (500 g)
1 Aubergine (300 g)
Salz | Pfeffer aus der Mühle
4 EL Olivenöl
6 Zweige Thymian
1 Packung passierte Tomaten (500 g)
4 Knoblauchzehen
100 g zimmerwarme Butter
1 Baguette
1/2 Bund Petersilie

1 Den Backofen auf 180 °C Ober-/Unterhitze vorheizen. Zwiebeln so schälen, dass sie am Wurzelansatz noch zusammenhalten, Zwiebeln vierteln. Paprikaschoten waschen, putzen, achteln, Trennwände und Samen entfernen. Die Tomaten waschen und längs vierteln. Zucchini waschen, putzen, längs und quer halbieren, die Stücke längs dritteln. Die Aubergine waschen, putzen, längs halbieren und schräg in gut 1 cm dicke Scheiben schneiden.

2 Das Gemüse in eine große, flache Form geben und erst mit Salz und Pfeffer, dann mit dem Olivenöl mischen. Im heißen Backofen auf dem Rost (unten, Umluft nicht empfehlenswert) 30 Min. braten.

3 Inzwischen den Thymian abbrausen, trockenschütteln, die Blättchen abzupfen und mit den passierten Tomaten mischen. Knoblauch schälen und fein hacken. Eine Hälfte mit den Tomaten mischen, restlichen Knoblauch mit der Butter verrühren, salzen. Baguette längs halbieren, Schnittflächen mit der Knoblauchbutter bestreichen. Tomaten mit dem Gemüse mischen und weitere 20 Min. im Backofen schmoren.

4 Petersilie abbrausen, trockenschütteln, die Blättchen abzupfen und grob hacken. Ratatouille abschmecken, abgedeckt beiseite stellen. Backofengrill vorheizen, Baguette mit der Schnittfläche nach oben auf dem Rost unter dem heißen Grill goldbraun rösten, in Stücke schneiden. Ratatouille mit Petersilie bestreuen und mit dem Baguette servieren.

GARVARIANTE: GEBRATENES SOMMERGEMÜSE
Zwiebeln und 2 Knoblauchzehen schälen, Zwiebeln würfeln, Knoblauch hacken. Paprika putzen, das Fruchtfleisch in 2 cm große Stücke schneiden. 6 Flaschentomaten längs vierteln, Viertel quer halbieren. Zucchini und Aubergine putzen, längs vierteln und in 2 cm große Stücke schneiden. 2 EL Olivenöl in einer großen Pfanne erhitzen, Auberginen darin rundum goldbraun anbraten, herausheben, warm stellen. Zucchini in 2 EL Olivenöl ebenso braten, herausheben, warm stellen. Paprika und Zwiebeln in 2 EL Olivenöl 3 Min. braten, Knoblauch zugeben, kurz mitbraten. Tomaten zugeben. Weitere 2 Min. braten. Auberginen und Zucchini mit dem ausgetretenen Saft untermischen. Das Gemüse mit Thymian, Salz und Pfeffer würzen. Zugedeckt auf der ausgeschalteten Kochstelle 5 Min. nachziehen lassen.

Französische Küche *schreckt Sie ab, weil kompliziert, kapriziös und mit stundenlangen Vorbereitungsarien verbunden? Lernen Sie sie hier von ihrer* ganz einfachen Seite *kennen! Denn der Klassiker aus der Provence setzt nur* **eines voraus:** *knackiges Gemüse, das ordentlich Sonne getankt hat.*

So werden **auch Skeptiker** *zu treuen Fans der langen grünen Stangen: Fädchen für Fädchen mit einem kleinen, scharfen Messer abgezogen, schmeckt der Sellerie* **einfach nur knackfrisch** *– und der Zahnstocher* **danach** *erübrigt sich.*

Staudensellerie mit Tomaten und weißen Bohnen

Das schmeckt ganz stark nach **Sommer in Südfrankreich:** Staudensellerie kombiniert mit reifen Tomaten, **Weißwein, Safran** und weißen Bohnen! Sollte bei Ihnen gerade Winter sein, verwenden Sie einfach Tomaten aus der Dose.

ZUBEREITUNGSZEIT: CA. 45 MIN.
PRO PORTION: CA. 195 KCAL
FÜR 4 PERSONEN

600 g Staudensellerie
4 EL Olivenöl | Salz
1 Dose kleine weiße Bohnen (425 g Füllmenge)
250 ml Gemüsebrühe
5 EL trockener Weißwein
500 g reife Tomaten
1 Bio-Zitrone
2 Prisen Safranfäden
1 Knoblauchzehe
1/2 Bund glatte Petersilie
60 g schwarze Oliven (mit Stein)
Pfeffer aus der Mühle | Zucker

1 Staudenselleriestangen waschen, putzen, eventuell entfädeln (siehe Bild) und schräg in 1 cm dicke Scheiben schneiden. Olivenöl in einem weiten Topf erhitzen, Staudensellerie darin bei mittlerer Hitze andünsten, salzen und zugedeckt bei kleiner Hitze 5 Min. dünsten.

2 Inzwischen die Bohnen in ein Sieb geben, kurz abspülen und abtropfen lassen. Brühe und Wein zum Staudensellerie geben, aufkochen und die Flüssigkeit offen bei starker Hitze auf die Hälfte reduzieren.

3 Inzwischen die Tomaten auf der runden Seite einritzen, kurz in kochendem Wasser blanchieren und abschrecken. Tomaten häuten, vierteln und entkernen, dabei den Stielansatz entfernen. Die Zitrone heiß waschen, trocknen und die Hälfte der Schale mit einem Zestenreißer abziehen. Tomaten, Bohnen, Safran und Zitronenzesten zum Staudensellerie geben. Knoblauch schälen und dazupressen. Zugedeckt bei kleiner Hitze weitere 3–5 Min. schmoren.

4 Inzwischen die Petersilie abbrausen, trockenschütteln, die Blättchen abzupfen und grob hacken. Olivenfleisch vom Stein schneiden und unter das Gemüse mischen. Mit 1 Prise Zucker, Salz und Pfeffer würzen, mit Petersilie bestreuen. Dazu passt knuspriges Knoblauchbaguette (siehe Seite 138).

GARVARIANTE: SÜSS-SAURES STAUDENSELLERIEGEMÜSE AUS DEM WOK
300 g Staudensellerie wie beschrieben vorbereiten, 250 g Möhren putzen, schälen, längs halbieren. Beides schräg in 1/2 cm dünne Scheiben schneiden oder hobeln. 1/2 Ananas schälen, längs dritteln und jeweils den harten Strunk entfernen. Drittel quer in 1/2 cm dicke Scheiben schneiden. Einen Wok erhitzen. Sellerie und Möhren darin in zwei Portionen in je 2 EL Öl bei mittlerer bis starker Hitze unter ständigem Rühren jeweils 4–5 Min. braten, herausnehmen und warm stellen. Ananas in 1 EL Öl 2–3 Min. ebenso braten und das Gemüse untermischen. 150 ml Gemüsebrühe, 2–3 EL Sojasauce, 1–2 EL Obstessig und 4 EL süßscharfe Chilisauce zugeben und aufkochen. Mit grob gezupften Blättchen von 1/2–1 Bund Koriandergrün bestreuen. Dazu passen gebratene Entenbrust (Rezept Seite 180) und Reis.

Kichererbsenküchlein mit Mango-Tomaten

Ein Gericht nicht nur für heiße Tage: Die Kichererbsenküchlein **schmecken heiß und kalt!** Sie eignen sich auch **prima als Büromahlzeit,** und fürs Picknick können Sie kleine Küchlein backen. Wichtig: Vor dem Verpacken ganz auskühlen lassen.

ZUBEREITUNGSZEIT: CA. 1 STD.
PRO PORTION: CA. 705 KCAL
FÜR 4 PERSONEN

1 große Dose gegarte Kichererbsen (850 g Füllmenge)
1 rote Zwiebel
300 g kleine Tomaten
1 kleine reife Mango
1 Bio-Zitrone
Salz | 6 EL Öl
1 Bund Koriandergrün
1 grüne Paprikaschote
1–2 rote Chilischoten
1 Zwiebel
2–3 Knoblauchzehen
25 g Butter
2 TL Currypulver
300 g griechischer Joghurt (10 % Fett)
Pfeffer aus der Mühle
1 Ei | 4 EL Mehl

1 Kichererbsen in einem Sieb abtropfen lassen. Die Zwiebel schälen, längs halbieren und in feine Halbringe schneiden. Tomaten waschen, in je 6 Spalten schneiden, Stielansatz dabei entfernen. Mango schälen, das Fruchtfleisch vom Stein schneiden und würfeln. Zitrone heiß waschen, trocknen und 3 TL Schale fein abreiben, Zitrone auspressen.

2 3 EL Zitronensaft, Hälfte der Zitronenschale, Salz und 2 EL Öl verrühren. Mit Zwiebeln, Tomaten und Mango mischen. Koriander abbrausen, trockenschütteln, die Blättchen abzupfen, grob hacken und die Hälfte davon untermischen. Restliches Koriandergrün fein hacken und für die Küchlein beiseite stellen.

3 Die Paprikaschote waschen, putzen, vierteln, die Trennwände und Samen entfernen. Das Fruchtfleisch fein würfeln. Chilischoten waschen, längs halbieren, Trennwände und Samen entfernen, Fruchtfleisch fein hacken. Zwiebel und Knoblauch schälen, Zwiebel fein würfeln, Knoblauch hacken. Butter in der Pfanne erhitzen, Zwiebeln, Paprika und Chili darin bei mittlerer Hitze anbraten. Knoblauch zugeben und kurz mitbraten. Currypulver unterrühren, kurz mitbraten und die Mischung vom Herd nehmen.

4 Kichererbsen am besten mit einem Kartoffelstampfer zerkleinern. So wird die Masse für den Küchleinteig nicht zu fein. Koriandergrün, Currymischung, restliche Zitronenschale, 3 EL Joghurt, Salz und Pfeffer sorgfältig unterarbeiten. Ei in einem Teller verkleppern, das Mehl auf einen Teller geben.

5 Aus dem Kichererbsenteig mit geölten Händen acht flache Küchlein formen und in Mehl, Ei und wieder kurz im Mehl wenden. Je vier Küchlein in einer großen beschichteten Pfanne bei mittlerer Hitze in 2 EL heißem Öl goldbraun braten. Mit Mango-Tomaten und einem Klecks Joghurt anrichten. Dazu passt Reis oder Fladenbrot.

TIPP Kichererbsen selbst kochen: 220 g Kichererbsen über Nacht in kaltem Wasser einweichen, dann in frischem Wasser 3 Std. zugedeckt kochen. Erst nach dem Garen salzen. Schneller geht's im Dampfdrucktopf, hier kochen die eingeweichten Kichererbsen 45 Min.

Saftig-süße Mango und kräftig scharfer Knoblauch, **rassige Chilis** *und sanfte Tomaten, intensiv würziger Koriander und* **feinsäuerliche Zitrone** *– Gegensätze ziehen sich auch in der Küche* **magisch an!**

Die einen können **gar nicht ohne** *Kochen, andere möchten auch mal bar jeder Garmethode auf den Teller: Während weiße Bohnen im sprudelnden Wasserbad überhaupt* **erst genießbar** *werden (und ganz nebenbei schön salbei-aromatisch),* **schmeckt knackiger** *Fenchel auch roh richtig gut!*

Weiße-Bohnen-Plätzchen mit Fenchelsalat

Ziemlich einfach und rustikal, aber doch ganz besonders kommen diese vegetarischen Bohnenplätzchen daher. Mit dem würzigen Fenchelsalat ein tolles Essen mal ganz ohne Fleisch.

EINWEICHZEIT: ÜBER NACHT
ZUBEREITUNGSZEIT: CA. 2 STD.
PRO PORTION: CA. 305 KCAL
FÜR 4 PERSONEN

150 g kleine weiße Bohnen
1 Knoblauchzehe
4 Zweige Salbei
1 große Fenchelknolle (650 g)
Salz | Pfeffer aus der Mühle
1 EL Zitronensaft
2 EL Olivenöl
250 g Tomaten
1 rote Zwiebel
100 g Mehl
6 EL Öl zum Braten

1 Bohnen über Nacht in kaltem Wasser einweichen. Am nächsten Tag die ungeschälte Knoblauchzehe mit der breiten Seite eines Messers andrücken. Bohnen mit Knoblauch und 1 Salbeizweig in reichlich Wasser aufkochen und zugedeckt bei kleiner Hitze 60–90 Min. weich kochen. Bohnen in einem Sieb abtropfen lassen, Sud dabei auffangen. Knoblauch und Salbei entfernen. Bohnen und Sud abkühlen lassen.

2 Den Fenchel waschen, putzen, das zarte Grün beiseite legen. Knolle vierteln und ohne den Strunk fein hobeln. In einer Schüssel mit Salz und Pfeffer mischen und 3 Min. mit der Hand kräftig durchkneten. Fenchelgrün hacken, mit Zitronensaft, 2 EL Olivenöl und dem Fenchel mischen. Tomaten waschen, quer halbieren, entkernen und ohne Stielansatz würfeln. Unter den Fenchel mischen. Beiseite stellen.

3 Die Zwiebel schälen und fein würfeln. Restlichen Salbei abbrausen, trockenschütteln, die Blättchen quer in Streifen schneiden. Mehl mit 200 ml Bohnensud zu einem dickflüssigen Teig verrühren. Zwiebeln, Salbei und Bohnen unterrühren. Kräftig salzen.

4 In einer großen beschichteten Pfanne 3 EL Öl erhitzen. Mit einer kleinen Kelle sechs Teigportionen in die Pfanne setzen und bei mittlerer Hitze von beiden Seiten je 2–3 Min. braten. Bohnenplätzchen auf einem mit Küchenpapier ausgelegten Backblech im 80 °C heißen Backofen warm halten. Aus dem restlichen Teig sechs weitere Plätzchen in 3 EL Öl ebenso braten. Mit dem Fenchelsalat anrichten.

TIPP Wann die Bohnen endgültig weich sind, hängt von der Sorte und ihrem Alter ab, darum variiert diese Garzeit.

Tajine mit Kürbis und Kichererbsen

Tajine heißt das nordafrikanische Tongefäß, in dem Gemüse ähnlich wie im Römertopf schmort. Hier bereiten Sie die Spezialität in einem Schmortopf auf dem Herd zu. Dazu gibt's süß-scharfen Honig-Couscous.

ZUBEREITUNGSZEIT: CA. 1 STD. 20 MIN.
BEI 6 PERSONEN PRO PORTION: CA. 485 KCAL
FÜR 4–6 PERSONEN

2 Zwiebeln
2 Knoblauchzehen
15 g frischer Ingwer
400 g Butternuss- (oder Hokkaido-)Kürbis
200 g dicke Möhren
350 g große fest kochende Kartoffeln
1 TL Kreuzkümmel
8 EL Olivenöl
400 g reife Tomaten
1 Dose gegarte Kichererbsen (425 g Füllmenge)
900 ml Gemüsebrühe
1 Prise Safranfäden
1 TL Zimtpulver
300 g TK-Dicke-Bohnen
250 g Couscous
40 g Rosinen
1 EL flüssiger Honig | Salz
1/2 Bund glatte Petersilie
30 g Pinienkerne
2 TL Harissa (nordafrikanische Chilipaste, z. B. aus dem türkischen Lebensmittelladen oder aus dem Bioladen)
3–4 EL Zitronensaft

1 Zwiebeln und Knoblauch schälen, Ingwer dünn schälen. Zwiebeln fein würfeln, Knoblauch und Ingwer hacken. Kürbis schälen, halbieren und die Samen entfernen. Das Fruchtfleisch in 1 cm dicke Scheiben, diese in 5 cm lange Stifte schneiden. Möhren und Kartoffeln schälen und in 5 x 1 cm dicke Stifte schneiden. Kreuzkümmel in einer Pfanne ohne Fett unter Rühren rösten, bis die Samen anfangen zu duften. Kreuzkümmel im Mörser fein zerstoßen.

2 In einem weiten Schmortopf 4 EL Olivenöl erhitzen. Zwiebeln, Knoblauch, Ingwer, Möhren, Kürbis, Kartoffeln und Kreuzkümmel bei mittlerer Hitze 5 Min. braten, dabei gelegentlich wenden. Inzwischen die Tomaten auf der runden Seite über Kreuz einritzen, kurz in kochendem Wasser blanchieren, abschrecken, häuten und in grobe Stücke schneiden, dabei den Stielansatz entfernen. Die Kichererbsen in ein Sieb geben, abspülen und abtropfen lassen. Tomaten, Kichererbsen, Brühe, Safran und Zimt zum Gemüse geben, aufkochen und zugedeckt bei kleiner Hitze 30 Min. schmoren.

3 Inzwischen die dicken Bohnen in sprudelnd kochendem Wasser 3 Min. blanchieren, abgießen und abschrecken. Dicke Bohnen häuten, die Bohnenkerne zum Gemüse geben und das Ganze weitere 5 Min. zugedeckt schmoren.

4 Couscous mit 4 EL Olivenöl mischen und in einem flachen Topf unter Rühren 3 Min. rösten. Rosinen, 300 ml warmes Wasser mit Honig und Salz verrühren. Über den Couscous geben und 5 Min. zugedeckt auf der ausgeschalteten Kochstelle quellen lassen.

5 Die Petersilie abbrausen, trockenschütteln, Die Blättchen abzupfen und grob hacken. Die Pinienkerne in einer Pfanne ohne Fett goldbraun rösten. Den Couscous mit einer Gabel auflockern, Pinienkerne untermischen. 120 ml Gemüsesud aus dem Topf nehmen, Harissa unterrühren. Gemüse mit Salz und Zitronensaft abschmecken, Petersilie unterheben. Mit Couscous und Harissasauce servieren.

Keine tönerne Tajine im Geschirrschrank? Macht nichts! Das orientalisch inspirierte *Gericht köchelt sich auch bestens* im gemeinen Schmortopf. *Einen Ersatz für den Mörser zu finden, ist schon schwieriger – aber nicht unmöglich: Hacken Sie die gerösteten* Kreuzkümmelsamen *mit einem scharfen Messer klein.*

Linsencurry mit Knusperzwiebeln

Holen Sie **Indien** zu sich nach Hause! Diese würzigen Linsen werden nach dem Kochen mit Garam Masala bestreut und **mit knusprigen Zwiebeln serviert.** Soulfood, das von innen wärmt.

ZUBEREITUNGSZEIT: CA. 50 MIN.
PRO PORTION: CA. 270 KCAL
FÜR 4 PERSONEN

250 g kleine grüne Linsen
20 g frischer Ingwer
1/2 TL Kurkuma
1/2 TL Cayennepfeffer
1/2 TL gemahlener Bockshornklee
250 g reife Tomaten
2 große Zwiebeln
4 Knoblauchzehen
5 EL Butterschmalz
2 TL Kreuzkümmel
5 Gewürznelken | Salz
1/2 Bund Koriandergrün
1/2 TL Garam Masala

1 Die Linsen in einem Sieb abspülen und abtropfen lassen. Den Ingwer dünn schälen und fein reiben oder hacken. Die Linsen mit Ingwer, Kurkuma, Cayennepfeffer und Bockshornklee in einem Topf mischen. 800 ml Wasser zufügen, zugedeckt aufkochen und die Linsen bei kleiner Hitze 30–40 Min. quellen lassen.

2 Inzwischen die Tomaten auf der runden Seite über Kreuz einritzen, kurz in kochendem Wasser blanchieren, abschrecken und häuten. Die Tomaten würfeln, dabei den Stielansatz entfernen.

3 Zwiebeln und Knoblauch schälen. Zwiebeln quer in 1/2 cm dicke Scheiben schneiden oder hobeln und diese in Ringe teilen. Den Knoblauch fein hacken. 3 EL Butterschmalz in einer kleinen Pfanne erhitzen. Kreuzkümmel und Nelken zugeben und bei mittlerer Hitze braten, bis die Samen anfangen zu knistern. Zwiebeln und Knoblauch zufügen und hellbraun und knusprig braten. Pfanne dabei gelegentlich schwenken. Zwiebelmischung mit einem Schaumlöffel aus dem Butterschmalz heben, auf einem mit Küchenpapier ausgelegten Blech warm stellen. Butterschmalz beiseite stellen.

4 Tomaten unter die Linsen rühren und erhitzen. Die Linsen mit Salz und 1 EL Butterschmalz würzen. Den Koriander abbrausen, trockenschütteln und die Blättchen abzupfen. Linsen mit 1 EL Butterschmalz beträufelt, mit Zwiebel-Würzmischung, Koriander und Garam Masala bestreut anrichten. Dazu passt aufgebackenes indisches Fladenbrot.

GARVARIANTE: FRITTIERTE LINSENBÄLLCHEN
Linsen in 750 ml Wasser zugedeckt aufkochen und 30 Min. quellen lassen. In einem Sieb abtropfen und abkühlen lassen. 1 TL Kreuzkümmelsaat im Mörser zerstoßen. 1 Zwiebel schälen, fein würfeln. 150 g Kartoffeln schälen, grob raffeln. In einer Schüssel Linsen, Kreuzkümmel, Zwiebel, Kartoffeln und 1 TL Salz mischen. 100–150 g Mehl unterarbeiten, es soll ein nicht zu feuchter Teig entstehen. Mit leicht geölten Händen walnussgroße Kugeln aus dem Teig formen. Frittieröl auf 160 °C erhitzen. Linsenbällchen darin portionsweise in 4–5 Min. goldbraun frittieren und im Backofen bei 100 °C auf einem mit Küchenpapier ausgelegten Blech warm halten. Dazu passt 250 g griechischer Joghurt mit Limettensaft und -schale gewürzt.

Die indische Küche ist nach wie vor schwer angesagt *– nicht zuletzt wegen ihrer schier unermesslichen* Aromenvielfalt. *Die auch dieses Linsencurry auszeichnet: Mit nicht weniger als* zehn Würzzutaten *wird es zum »spicy« Trip* nach Indien.

»Biete: zarten Fisch – suche: passende Garmethode.« Ihnen kann geholfen werden: Lassen Sie sich den **Verwandlungskünstler** Lachs doch mal **pochiert,** mal kross und saftig gebraten schmecken. Oder gönnen Sie edlem Tunfisch ein aromatisierendes **Dampfbad.** Oder lassen Sie es knuspern mit **frittierten** Garnelen im Couscous-Mantel. In jedem Fall gilt: Auf Nimmerwiedersehen fader Dünst- und trockener Bratfisch!

FISCH & MEERESFRÜCHTE

Ofengedämpfter Saibling mit Wokgemüse

Einfacher kann das Zubereiten von ganzen Fischen kaum sein: **Während der Fisch** auf der Servierplatte **schonend gedämpft** wird, können Sie ganz nebenbei das knackige Wokgemüse zubereiten.

ZUBEREITUNGSZEIT: CA. 45 MIN.
PRO PORTION: CA. 325 KCAL
FÜR 4 PERSONEN

500 g grüner Spargel
1 große rote Paprikaschote
2 Knoblauchzehen
20 g frischer Ingwer
6 EL Sojasauce | 6 EL Öl
1 Bund Frühlingszwiebeln
2 Saiblinge à 450 g
1–2 TL chinesisches Fünf-Gewürze-Pulver
1 TL schwarze Sesamsamen
2 TL ungeschälte helle Sesamsamen
1–2 TL geröstetes Sesamöl
1 Bund Koriandergrün

1 Spargel waschen, im unteren Drittel schälen, Enden abschneiden und die Stangen, bis 5 cm vor dem Kopfende, schräg in dünne Scheiben schneiden. Spargelköpfe längs halbieren. Paprika waschen, putzen, vierteln, Trennwände und Samen entfernen. Paprikaviertel schräg in 1/2 cm dicke Streifen schneiden. Beides abgedeckt beiseite stellen.

2 Knoblauch schälen und fein hacken. Den Ingwer dünn schälen und fein reiben. Knoblauch, Ingwer, 4 EL Sojasauce und 3 EL Öl verrühren. Frühlingszwiebeln waschen, putzen und schräg in feine Ringe schneiden, eine Hälfte davon für das Wokgemüse beiseite stellen. Die andere Hälfte in zwei Portionen teilen und eine Portion auf einer ofenfesten Servierplatte verteilen.

3 Den Backofen auf 220 °C (Umluft nicht empfehlenswert) vorheizen. Fische kalt abspülen und trockentupfen. Mit einem scharfen Messer auf beiden Seiten je 3 Mal schräg einschneiden. Einschnitte und Bauchhöhlen der Fische mit dem Gewürzpulver einreiben. Die Fische auf die Servierplatte legen, die Sojasaucenmischung darüber geben und mit der anderen Portion Frühlingszwiebeln und schwarzem Sesam bestreuen.

4 Auf die Fettpfanne des Backofens zwei mit heißem Wasser gefüllte Förmchen (je 150 ml Inhalt) stellen. Die Servierplatte auf die Förmchen stellen und etwa 1,5 l kochend heißes Wasser in die Fettpfanne geben. Fettpfanne fest mit Alufolie verschließen, dabei möglichst viel Luft mit einpacken. Fettpfanne vorsichtig(!) in den heißen Backofen (unten) schieben und die Fische 15–18 Min. dämpfen.

5 Inzwischen den Wok erhitzen, hellen Sesam darin rösten, bis die Körner anfangen zu springen, und wieder herausheben. 2 EL Öl im Wok erhitzen, Hälfte von Spargel und Paprika darin unter Rühren 3–4 Min. bissfest braten, herausnehmen. 1 EL Öl in den Wok geben, restlichen Spargel und Paprika darin ebenso braten, nach 2 Min. die Frühlingszwiebeln zugeben und mitbraten. Alles Gemüse im Wok mischen und mit 2 EL Sojasauce und Sesamöl würzen.

6 Koriander abbrausen, trockenschütteln, die Blättchen mit den zarten Stielen grob hacken und unter das Gemüse mischen. Das Gemüse mit hellem Sesam bestreut mit den Fischen servieren. Dazu passt Reis.

Mit oder ohne Haut **gebraten,** saftig ofengegart, **schonend pochiert** oder knusprig gratiniert – Sie werden schnell Ihren **Favoriten finden.**

Lachs – fünf Mal anders gegart

FÜR 4 PERSONEN

1. GARVARIANTE

1 Bund Koriandergrün
1 frische rote Chilischote
1 EL Limettensaft
40 g Doppelrahmfrischkäse
80 g weiche Butter | Salz
4 Lachsschnitzel ohne Haut (à 200 g)
2–3 EL Zitronen- oder Limettensaft
Pfeffer aus der Mühle | 2 EL Öl

AUSSERDEM

Spritzbeutel mit großer Sterntülle

1. GARVARIANTE: **GEBRATENE LACHSSCHNITZEL MIT KORIANDERBUTTER**

Das Koriandergrün waschen, trockenschütteln und mit den zarten Stielen fein hacken. Die Chilischote waschen, längs halbieren, Trennwände und Samen entfernen, das Fruchtfleisch sehr fein hacken. Beides mit Limettensaft, Frischkäse, Butter und Salz verrühren. Mischung in einen Spritzbeutel mit großer Sterntülle füllen, Rosetten auf Backpapier spritzen und kalt stellen.
Die Lachsschnitzel mit Zitronensaft beträufeln, kurz ziehen lassen, trockentupfen, salzen und pfeffern. Öl in einer großen beschichteten Pfanne erhitzen, Lachsschnitzel darin bei mittlerer Hitze auf jeder Seite 4 Min. braten, dabei vorsichtig wenden. Mit der Korianderbutter anrichten.

2. GARVARIANTE: POCHIERTE LACHSKOTELETTS

250 g gewürfeltes Suppengrün mit 1,5 l Wasser, 200 ml Weißwein, 1 Lorbeerblatt und Salz in einem weiten Topf zugedeckt aufkochen. 10 Min. kochen lassen. 4 Lachskoteletts à 200 g darin zugedeckt bei kleiner Hitze 12–15 Min. pochieren, herausheben und warm stellen. 125 ml Garflüssigkeit durch ein Sieb in einen Topf gießen, 200 g Crème fraîche zugeben, aufkochen, 5 Min. sprudelnd kochen lassen. Sauce mit 1 EL Saucenbinder binden, mit Zitronensaft, Salz und Pfeffer abschmecken, 2 EL Dillspitzen einrühren.

3. GARVARIANTE: AUF DER HAUT GEBRATENER LACHS

600 g Lachsfilet mit Haut (geschuppt) auf der Hautseite diagonal mehrmals leicht einschneiden. Je 1 EL Fenchel- und Koriandersamen rösten, bis sie duften. Im Mörser mit 1 EL schwarzem Pfeffer zerstoßen, je 1 EL Salz und Zucker untermischen. Lachs damit rundum einreiben, abgedeckt im Kühlschrank 1 Std. marinieren. Marinade etwas abstreifen, Lachs in 4 Tranchen schneiden, auf der Haut in einer ofenfesten Pfanne in 2 EL Butterschmalz 3 Min. braten. Im vorgeheizten Backofen (200 °C, unten) 5 Min. nachgaren.

4. GARVARIANTE: 80-GRAD-LACHS

Die Blättchen von je 1/2 Bund Dill und glatter Petersilie sowie 5 Zweigen Pfefferminze grob hacken. Mit 1 geschälten Knoblauchzehe, 6 gut abgespülten Sardellenfilets, 1 EL scharfem Senf, 3 EL abgetropften Kapern, 2 EL Zitronensaft und 8 EL Olivenöl pürieren. 600 g Lachsfilet ohne Haut quer in 4 Tranchen schneiden, rundum mit Olivenöl bestreichen. Mit der vormaligen Hautseite auf ein gefettetes Backblech legen, mit der Kräutersauce bestreichen. Im auf 80 °C Ober-/Unterhitze vorgeheizten Ofen (Mitte) 45 Min. garen.

5. GARVARIANTE: GRATINIERTER LACHS

4 Scheiben entrindeten Toast zerbröseln, mit 50 g Meerrettichraspeln, 2 EL Zitronensaft, 2 EL gehackter Petersilie, 80 g weicher Butter, etwas Salz und Pfeffer verkneten. In Klarsichtfolie auf Größe des Lachsfilets (600 g, ohne Haut) ausrollen, 20 Min. kalt stellen. Lachs quer in 4 Tranchen schneiden. Mit Zitronensaft, Salz und Pfeffer würzen. Obere Folie vom Teig abziehen. Teig auf Filetgröße schneiden, auflegen (Folie nach oben), andrücken, Folie abziehen. Lachs unter dem Backofengrill (oben) 8–10 Min. gratinieren.

Gedämpfter Tunfisch mit Zitronensauce

Tunfisch einmal anders: **Im Pfeffermantel** über kochendem Wasser mit Zitronenschale und Lorbeer gedämpft, bleibt das Filet innen **rot, saftig und zart.**

ZUBEREITUNGSZEIT: CA. 30 MIN.
PRO PORTION: CA. 530 KCAL
FÜR 4 PERSONEN

2 Bio-Zitronen | 80 g Butter | 2 ganz frische Eigelbe | 3–4 TL mittelscharfer Senf
Salz | je 2 TL weiße und schwarze Pfefferkörner | 2 TL getrocknete grüne Pfefferkörner
2 TL getrocknete rosa Pfefferbeeren | 600 g Tunfischfilet (Sushiqualität)
4 frische Lorbeerblätter | Sojasauce

1 1 Zitrone heiß waschen, trocknen und 2 TL Schale fein abreiben (kleines Foto rechts oben). Zitrone auspressen. Butter zerlassen und abkühlen lassen. Eigelbe in einen Schlagkessel geben. Mit einem Rührbesen Senf, 1 kräftige Prise Salz, Zitronenschale und 2 EL Zitronensaft unterrühren. Über einem kochend heißen (nicht sprudelnd kochenden) Wasserbad mit dem Rührbesen hellgelb-cremig aufschlagen.

2 Aufgeschlagene Eigelbcreme in einen Rührbecher geben, mit dem Schneidstab pürieren, dabei langsam die zerlassene Butter zulaufen lassen. Alles zu einer homogen-cremigen Sauce mixen, beiseite stellen.

3 Die 4 Pfeffersorten in einem Mörser sehr fein zerstoßen und auf einen Teller geben. Den Tunfisch rundherum trockentupfen und in der Pfeffermischung wenden. Tunfisch in einen Dämpfkorb legen.

4 Die Lorbeerblätter mit einer Schere mehrfach einschneiden. Übrige Zitrone heiß waschen, dünn schälen. Lorbeer und Zitronenschale in einen Topf (oder Wok) geben und nur so viel Wasser zugießen, dass der Fisch im Dämpfkorb damit keinen Kontakt hat. Topf erst ohne Dämpfkorb schließen, das Wasser aufkochen. Dämpfkorb einsetzen und den Tunfisch zugedeckt bei mittlerer Hitze 1 Min. pro Zentimeter Dicke des Fischfilets dämpfen. Der Tunfisch soll in der Mitte noch rot sein.

5 In der Zwischenzeit die Zitronensauce mit dem Schneidstab wieder aufmixen und mit Zitronensaft und 1 Spritzer Sojasauce abschmecken. Tunfisch mit einem sehr scharfen Messer quer in Scheiben schneiden und mit der Sauce anrichten. Dazu passt blanchierter und mit Knoblauch-Olivenöl marinierter Blattspinat und Ciabattabrot.

GARVARIANTE: PFANNENGERÖSTETER TUNFISCH MIT ZITRONENSAUCE
Wer möchte, kann den Tunfisch auch in einer beschichteten Pfanne ohne Fett bei mittlerer bis starker Hitze auf jeder Seite 1–2 Min. rösten.

Praktisch: Zitronenschale auf einer mit Backpapier belegten Reibe abreiben. Das Papier abziehen, den Abrieb mit dem Messer vom Papier schaben.

Das Aroma der vier Pfeffersorten entfaltet und verbindet sich ideal, wenn die Körner sehr fein zerstoßen werden.

Nichts gegen Klassiker – aber warum Tunfisch im Pfeffermantel immer nur braten? *Darum heute mal ab damit* in den Dämpfkorb! *Dort wird der Edelfisch butterzart und außerdem geschmacksveredelt: Denn er gart nicht einfach in Wasserdampf, sondern nimmt ein zitronenfrisches,* lorbeerwürziges Aromabad!

Mager, festfleischig, hocharomatisch – diese kulinarischen Traumeigenschaften *haben dem Petersfisch den Beinamen* »Huhn des Meeres« *eingebracht. Der Vergleich zwischen Schuppen- und Federvieh passt umso mehr, als auch der Edelfisch für viele* Gartechniken offen *ist: Braten, Grillen – oder wie hier Pochieren.*

Pochierter Petersfisch in Rotweinsauce

Hier sollten Sie **mutig sein:** Der Fisch wird in Rotwein pochiert – und zwar **mit Glühweingewürzen!** Eine wunderbare Sauce kocht sich gleich mit. **Nicht nur** zur Winterzeit unbedingt ausprobieren!

ZUBEREITUNGSZEIT: CA. 1 STD. 10 MIN.
PRO PORTION: CA. 805 KCAL
FÜR 4 PERSONEN

75 g Butter
1/2 Wirsingkohl (500 g)
Salz | 200 g dicke Möhren
250 g Knollensellerie
100 g durchwachsener Speck
2 EL Butterschmalz
150 g Crème fraîche
700 ml kräftiger Rotwein
2 Aufgussbeutel Glühweingewürz
600 g Petersfischfilet ohne Haut, vom Händler in 8 Stücke geteilt (oder Filet vom Steinbutt, Steinbeißer, Zander)
1–2 EL Zitronensaft
2–3 TL geriebener Meerrettich (aus dem Glas)
3 TL brauner Zucker

1 Die Butter in Stücke schneiden und einfrieren. Wirsing putzen und ohne den Strunk quer in 1 cm dicke Streifen schneiden. In kochendem Salzwasser 2 Min. blanchieren, abschrecken, sehr gut abtropfen lassen. Möhren schälen und in 1 cm große Würfel schneiden. Sellerie schälen, in 1 cm dicke Scheiben, dann in ebenso dicke Streifen und in Würfel schneiden. Speck in 1/2 cm dicke Scheiben schneiden und würfeln.

2 Butterschmalz erhitzen, Speck darin unter Rühren ausbraten. Möhren und Sellerie dazugeben und unter Rühren 3 Min. braten. Crème fraîche untermischen. Zugedeckt bei kleiner Hitze 8 Min. schmoren.

3 Wein mit den Gewürzbeuteln in einem weiten Topf zugedeckt aufkochen und bei kleiner Hitze 5 Min. kochen lassen. Fischfilets trockentupfen und rundherum leicht salzen. Behutsam in den Wein legen (die Gewürzbeutel reißen leicht) und bei kleiner Hitze 4 Min. pochieren, dabei einmal sehr vorsichtig wenden. Fisch wiederum sehr vorsichtig aus dem Wein heben und abgedeckt warm stellen. Wein bei sehr starker Hitze auf 150 ml reduzieren.

4 Inzwischen den Wirsing trockentupfen, unter die Sellerie-Möhren heben und weitere 3–5 Min. schmoren. Mit Zitronensaft, Meerrettich und Salz abschmecken. Die Gewürzbeutel aus dem Wein entfernen, den Wein mit Zucker und Salz würzen, aufkochen, die Butter stückchenweise einschwenken, den Wein jedoch dabei nicht mehr kochen lassen. Den Fisch mit Rotweinsauce und Wirsinggemüse anrichten.

GARVARIANTE: AUF DER HAUT GEBRATENER FISCH MIT ROTWEINSABAYON
1 in feine Ringe geschnittene Schalotte mit 5 grob zerstoßenen schwarzen Pfefferkörnern in 100 ml Rotwein aufkochen. Flüssigkeit bei starker Hitze auf 4 EL reduzieren. Backofen auf 150 °C vorheizen. Rotwein durch ein Sieb in einen Schlagkessel passieren, 1 EL Aceto balsamico unterrühren. 600 g Petersfisch- oder Zanderfilet mit Haut in 4 Stücke schneiden, auf der Hautseite drei Mal kreuzweise einschneiden, damit sich das Fischfilet beim Braten nicht wellt. Fisch rundum leicht salzen und pfeffern. 2 EL Butterschmalz in einer ofenfesten Pfanne erhitzen, Fischfilet darin auf der Hautseite 3 Min. braten. Vorsichtig wenden und in der Pfanne im Ofen 8 Min. weiterbraten. Schlagkessel auf einen Topf mit sehr heißem (nicht kochenden!) Wasser setzen. 4 Eigelbe zugeben und alles mit einem Rührbesen dickcremig aufschlagen. Mit Salz und 1 Prise Zucker abschmecken, mit den Fischfilets anrichten. Dazu passt das Wirsinggemüse aus dem Rezept oben.

Fisch-Pie mit Püreekruste

Seelachs, geräucherter Butterfisch und Tiefseegarnelen machen es sich in cremiger Béchamelsauce unter einer goldgelben Kartoffelpüreedecke gemütlich.

ZUBEREITUNGSZEIT: CA. 1 STD. 30 MIN.
PRO PORTION: CA. 520 KCAL
FÜR 4 PERSONEN

2 frische Lorbeerblätter
700 ml Milch
4 schwarze Pfefferkörner
300 g Seelachsfilet
300 g geräucherter Butterfisch (ersatzweise Makrele)
3 Eier | 750 g Kartoffeln
Salz | 70 g kalte Butter
2 EL Mehl | 4 Frühlingszwiebeln
geriebene Muskatnuss
1/2 Bund glatte Petersilie
Pfeffer aus der Mühle
125 g Tiefseegarnelen (aus dem Kühlregal)
3 EL Semmelbrösel

AUSSERDEM

Spritzbeutel mit großer Lochtülle

1 Lorbeerblätter mit einer Schere mehrfach einschneiden. Mit 600 ml Milch und Pfefferkörnern in einem weiten Topf aufkochen. Hitze reduzieren, Seelachs und Butterfisch zugeben und zugedeckt bei kleiner Hitze 8 Min. pochieren. Eier anstechen und in 8–10 Min. hart kochen.

2 Kartoffeln schälen, waschen und in gleich große Stücke schneiden. Mit Salzwasser bedeckt aufkochen und 20 Min. kochen lassen. Fisch aus der Milch heben und abkühlen lassen. Milch durch ein Sieb in einen sauberen Topf gießen und beiseite stellen. Eier abschrecken und pellen.

3 Die Hälfte der Butter erhitzen, Mehl zugeben und unter Rühren goldgelb anschwitzen. Milch unter Rühren dazugießen, aufkochen und bei kleiner Hitze 10 Min. kochen lassen. Den Backofen auf 180 °C vorheizen.

4 Frühlingszwiebeln waschen, putzen und das Weiße und Hellgrüne in feine Ringe schneiden. Kartoffeln abgießen, kurz abdämpfen lassen und durch die Kartoffelpresse treiben. Mit 100 ml Milch verrühren, Frühlingszwiebeln unterheben und mit Salz und Muskatnuss würzen.

5 Petersilie abbrausen, trockenschütteln, Blättchen fein hacken und in die Sauce geben. Diese salzen und pfeffern, die Hälfte in eine ofenfeste Form geben. Fisch mit Gabeln zerpflücken, mit den Garnelen in die Form geben. Eiviertel dazwischen setzen. Übrige Sauce darüber gießen.

6 Kartoffelpüree in den Spritzbeutel mit Lochtülle füllen, auf die Sauce spritzen. Mit Semmelbröseln bestreuen, übrige Butter in Stückchen darauf verteilen. Die Form auf den Rost in den Backofen (Mitte, Umluft nicht empfehlenswert) stellen und in 40 Min. goldgelb backen.

Klümpchen in der Sauce? Da hilft pürieren! Die Sauce dann durch ein Sieb gießen.

Fisch, Garnelen und Eier in der Form verteilen, die restliche Sauce darüber geben.

Das Kartoffelpüree gleichmäßig in Strängen auf die Sauce spritzen.

Seeteufel im Speck-Salbei-Mantel mit Kapern-Tomaten

Der festfleischige Seeteufel verträgt die Würze von Speck und Salbei sehr gut und bleibt darin eingewickelt wunderbar saftig. Die Tomaten steuern ein leicht süßes Sonnenaroma bei.

ZUBEREITUNGSZEIT: CA. 45 MIN.
PRO PORTION: CA. 310 KCAL
FÜR 4 PERSONEN

8 reife Flaschentomaten (800 g)
Salz | Pfeffer aus der Mühle
1–2 TL brauner Zucker
4 Zweige Majoran | 5 EL Olivenöl
8 große Salbeiblätter
600 g Seeteufelfilet (küchenfertig gehäutet)
8 Scheiben Südtiroler Speck (80 g)
2 EL Kapern (abgetropft, aus dem Glas)
2 EL weißer Aceto balsamico

1 Den Backofen auf 200 °C vorheizen. Tomaten waschen, längs halbieren und entkernen, dabei den Stielansatz entfernen. Mit der Schnittfläche nach oben auf ein mit Backpapier ausgelegtes Backblech setzen, salzen und pfeffern. Mit Zucker bestreuen. Den Majoran abbrausen, trockenschütteln, die Blättchen abzupfen, grob hacken und auf die Tomaten verteilen. 3 EL Olivenöl darüber geben. Tomaten im Backofen (Mitte, Umluft nicht empfehlenswert) 30 Min. backen.

2 Inzwischen den Salbei abbrausen und die Blätter mit einer Schere mehrfach einschneiden. Den Seeteufel trockentupfen, in vier gleich große Stücke schneiden, ganz leicht mit Salz und Pfeffer würzen. Jedes Fischstück mit 2 Salbeiblättern in 2 Speckscheiben wickeln.

3 In einer großen beschichteten Pfanne 2 EL Öl erhitzen. Die Fischpakete darin rundherum goldbraun anbraten. Zu den Tomaten auf das Blech setzen und weitere 8 Min. im Ofen braten. Kapern auf den Tomaten verteilen, mit Aceto balsamico beträufeln. Mit den Seeteufelpäckchen anrichten. Dazu passt Kartoffelpüree (Seite 125).

Garnelen machen gerne den Freischwimmer! *Soll heißen: Geben Sie nicht zu viele auf einmal ins brodelnde Öl, sonst kühlt es zu stark ab. Die Folge: Das edle Meeresgetier wird fettig* und pappig *statt rundum knisper-knusprig. Wäre* doch schade *drum!*

Frittierte Garnelen im Couscous-Mantel auf Kichererbsenpüree

Zarte Garnelen, kernig knusprig umhüllt, serviert auf lockerem Püree und begleitet von einem scharfen Dip, machen Appetit auf mehr, viel Meer ...

ZUBEREITUNGSZEIT: CA. 1 STD. 15 MIN.
PRO PORTION: CA. 865 KCAL
FÜR 4 PERSONEN

FÜR DIE FRITTIERTEN GARNELEN

24 TK-Garnelen (à 40 g, ungeschält, aufgetaut)
400 ml Gemüsebrühe
1/2 TL Kurkuma
Cayennepfeffer
225 g Couscous
1 rote Chilischote
1 Bund Koriandergrün
6 EL Mehl | 2 Eier
Öl zum Frittieren | Salz
1/2 Bund glatte Petersilie

FÜR DIE HARISSASAUCE

1 große Tomate
je 1/2 TL Koriander- und Kreuzkümmelsamen
2 TL Harissa (nordafrikanische Chilipaste, z. B. aus dem türkischen Lebensmittelladen oder aus dem Bioladen)
3–4 EL Zitronensaft
1 TL Zucker | Salz
1–2 Knoblauchzehen
4 EL kaltgepresstes Olivenöl

FÜR DAS KICHERERBSENPÜREE

3 Dosen gegarte Kichererbsen (à 425 g Füllmenge)
2 Zwiebeln | 1/2 Bund Thymian
5 EL Olivenöl
2–3 Knoblauchzehen
Salz | Pfeffer aus der Mühle

1 Garnelen schälen, aber den Schwanzfächer daran belassen. Garnelen mit einem spitzen Messer am Rücken einschneiden und den schwarzen Darmfaden entfernen. Die Garnelen kalt stellen. Die Brühe mit Kurkuma und 1 kräftigen Prise Cayennepfeffer aufkochen. Couscous einrühren, zugedeckt auf der ausgeschalteten Kochstelle ausquellen und abkühlen lassen.

2 Inzwischen für die Harissasauce die Tomate waschen, quer halbieren, entkernen und das Fruchtfleisch ohne Stielansatz fein würfeln. Koriander und Kreuzkümmel in einer Pfanne ohne Fett rösten, bis die Samen anfangen zu duften. In einem Mörser fein zerstoßen. Mit Tomatenwürfeln, Harissa, Zitronensaft und Zucker und Salz verrühren. Knoblauch schälen und dazupressen. Olivenöl untermischen und die Sauce abgedeckt kalt stellen.

3 Für das Kichererbsenpüree die Kichererbsen abtropfen lassen, Flüssigkeit dabei auffangen. Zwiebeln schälen und würfeln. Den Thymian abbrausen, trockenschütteln, die Blättchen grob abzupfen und hacken. 1 EL Olivenöl in einem Topf erhitzen, Zwiebeln darin glasig dünsten, Knoblauchzehen schälen, dazupressen. Thymian, die Kichererbsen sowie 250 ml Flüssigkeit zugeben. Bei kleiner Hitze unter Rühren 5 Min. kochen lassen und im Topf mit 4 EL Olivenöl pürieren, dabei nach Bedarf noch weitere Flüssigkeit zugeben. Püree salzen und pfeffern.

4 Die Chilischote waschen, längs halbieren, Trennwände und Samen entfernen, das Fruchtfleisch fein hacken. Koriander abbrausen, trockenschütteln, die Blättchen mit den zarten Stielen fein hacken. Den Couscous mit zwei Gabeln sorgfältig auflockern, Chili und Koriander untermischen, den Couscous auf einen flachen Teller geben. Mehl auf einen Teller geben, Eier auf einem zweiten Teller verkleppern.

5 Frittieröl auf 160 °C erhitzen. Die Garnelen trockentupfen, salzen und mit Mehl, Eiern und Couscous panieren. Couscous dabei gut andrücken. Portionsweise 3–4 Min. frittieren, auf Küchenpapier abtropfen lassen und warm stellen, bis alle Garnelen frittiert sind. Die Petersilie abbrausen, gut trockenschütteln – sie muss ganz trocken sein – und die Blättchen abzupfen, kurz frittieren, abtropfen lassen. Das Kichererbsenpüree erhitzen und mit Garnelen und Harissasauce anrichten.

Garnelen mit grünem Tee aus dem Wok

Ungewöhnliche Kombination: Aufgebrühter Grüntee würzt als Brühe, und die Teeblätter werden zu aromatischen Kräutern für die pfannengerührten knackigen Gurken und saftigen Garnelen.

ZUBEREITUNGSZEIT: CA. 40 MIN.
PRO PORTION: CA. 240 KCAL
FÜR 4 PERSONEN

500 g TK-Garnelen (roh, geschält, aufgetaut)
1 Eiweiß
4 EL Reiswein (oder trockener Sherry)
3 EL Sojasauce
2 TL Speisestärke
3 TL grüne Teeblätter
750 g Salatgurke
1 Bund schlanke Frühlingszwiebeln
1 Knoblauchzehe
10 g frischer Ingwer | 4 EL Öl
2 TL geröstetes Sesamöl
Cayennepfeffer | Zucker
50 g Cashewnüsse (geröstet und gesalzen)

AUSSERDEM

1 großer Gefrierbeutel

1 Die Garnelen mit einem spitzen Messer am Rücken einschneiden und den schwarzen Darmfaden entfernen. Eiweiß, Reiswein sowie 1 EL Sojasauce verrühren und in einen Gefrierbeutel geben. Garnelen erst mit der Stärke mischen, dann in den Gefrierbeutel geben. Den Beutel verschließen, Garnelen und Sherry-Eiweiß gut durchmischen. Marinieren, bis das Gemüse vorbereitet ist, dabei gelegentlich durchmischen.

2 Die Teeblätter in einer Tasse mit 150 ml kochend heißem Wasser überbrühen und 5 Min. ziehen lassen, durch ein feines Sieb abgießen, den Tee dabei auffangen. Teeblätter und Tee beiseite stellen.

3 Salatgurken waschen, mit einem Sparschäler längs so schälen, dass immer ein Streifen der dunklen Gurkenhaut stehen bleibt. Die Gurken längs halbieren und die Kerne mit einem Löffel herauskratzen. Gurkenhälften quer in 1/2 cm dicke Streifen schneiden. Frühlingszwiebeln putzen und waschen. Nur den hellgrünen und weißen Teil verwenden: längs vierteln und in 4 cm lange Stücke schneiden. Knoblauch schälen, Ingwer dünn schälen, beides fein hacken.

4 Einen Wok erhitzen, 2 EL Öl und 1 TL Sesamöl darin verlaufen lassen. Die Gurken, die Frühlingszwiebeln und die Hälfte von Ingwer und Knoblauch darin 3 Min. unter Rühren braten, die Teeblätter untermischen. Gemüse herausheben und warm stellen.

5 Den Wok auswischen und 2 EL Öl und 1 TL Sesamöl darin verlaufen lassen, Garnelen aus der Marinade nehmen, dabei die Marinade großzügig abstreifen. Garnelen und restlichen Ingwer und Knoblauch bei mittlerer Hitze unter Rühren 2–3 Min. glasig braten.

6 Garnelen und Gemüse im Wok mischen, Grüntee zugeben, aufkochen und alles mit 2 EL Sojasauce, Cayennepfeffer und 1 Prise Zucker abschmecken. Mit den Cashewnüssen bestreuen. Dazu passt Reis.

Kein Wunder, dass der Wok so viele begeisterte Anhänger hat: Das Pfannenrühren funktioniert immer nach dem gleichen und simplen Prinzip – das Ergebnis schmeckt immer anders und neu. Oder haben Sie schon einmal mit grünem Tee gewokkt?

Muscheln mit Zitronenaromen und Kokosmilch »en papillote«

Miesmuscheln mit Zitronenaroma und Kokosmilch werden hier zu Tütchen verschnürt und dämpfen im Backofen. Übrigens gerne auch in Begleitung von Venusmuscheln (Vongole) – für noch mehr Überraschung beim Auspacken.

ZUBEREITUNGSZEIT: CA. 45 MIN.
PRO PORTION: CA. 170 KCAL
FÜR 4 PERSONEN

70 g frischer Ingwer
3 Stängel Zitronengras
1 Bio-Zitrone
1 Bio-Limette
2 rote Chilischoten
4–6 Knoblauchzehen
2 kg geputzte Miesmuscheln
feines Meersalz
1 Eiweiß
200 ml Kokosmilch
4 Zweige Zitronenmelisse

AUSSERDEM

Küchengarn

1 Ingwer dünn schälen und fein hacken. Äußeres Zitronengrasblatt entfernen, Stängel mit der breiten Seite eines großen Messer andrücken und fein hacken. Zitrone und Limette heiß waschen, trocknen und die Schale am besten mit einem Zestenreißer in kurzen Streifen abschälen. Je 4 EL Zitronensaft und Limettensaft auspressen. Chilischoten waschen und mit den Kernen schräg in dünne Ringe schneiden. Knoblauch schälen und in sehr dünne Scheiben schneiden oder hobeln.

2 Die Muscheln in kaltem Wasser waschen, offene und beschädigte Muscheln wegwerfen. Restliche Muscheln mit den vorbereiteten Würzzutaten und Meersalz mischen.

3 Den Backofen auf 220 °C (Umluft nicht empfehlenswert) vorheizen. Aus Backpapier vier Quadrate (39 x 39 cm) schneiden, zwei Mal diagonal falten, wieder aufklappen und die Ränder mit verkleppertem Eiweiß bestreichen. Muscheln in die Mitte der Bögen setzen. Die Kokosmilch durchrühren und über die Muscheln geben. Papier darüber zusammenfassen, dabei die Ränder zusammendrücken. Ecken mit Küchengarn zu Beuteln schnüren.

4 Die Beutel auf ein Backblech setzen und den Inhalt im heißen Ofen (Mitte) 15 Min. dämpfen. Inzwischen die Melissenblättchen abzupfen und grob hacken. Zu den Muscheln im Papier servieren, geschlossene Muscheln entfernen. Dazu passt Duftreis.

GARVARIANTE: IM WOK GEDÜNSTETE MUSCHELN MIT ZITRONENAROMEN UND KOKOSMILCH

Einfacher geht's, wenn Sie die Muscheln im Wok dünsten. Dafür Ingwer und Knoblauch in 2 EL Öl anbraten. Kokosmilch mit den vorbereiteten Würzzutaten zugeben und aufkochen. Gewaschene Muscheln zugeben und zugedeckt 8–10 Min. dünsten, dabei öfter durchmischen. Mit Zitronenmelisse bestreuen.

Genuss de luxe mal zwei: Für Gäste (und zum Selbstverwöhnen!) schnüren Sie **kleine Päckchen,** *und muss es mal* **schneller gehen,** *kommt der Wok zum Einsatz (siehe Garvariante). Egal wie und wo: Zarte Muscheln freuen sich auf ein* **Rendezvous mit frischen** *Aromen von Ingwer bis Limette!*

Zart und mürbe geschmort, sanft pochiert, **krustig-knusprig** ofengegrillt oder rundum braun gebraten – Fleisch und Geflügel »können« mit vielen Garmethoden. Und kommen **so ganz unterschiedlich** auf den Tisch: im Alltag am liebsten **schnell** aus Pfanne, Wok und Ofen, an Festtagen gerne aus Bräter oder Schmortopf. Was bei allen Rezepten von Hackbraten Caprese bis **pochierter Hähnchenbrust** auf Gurkennudeln garantiert ist: ein glückliches »Hmmmm – lecker!« von Familie, Freunden und Gästen!

FLEISCH & GEFLÜGEL

Hackbraten Caprese

Der altbekannte »Falsche Hase« kommt hier auf **italienischen** Wegen mit einer saftigen **Mozzarella-Tomaten-Füllung** daher und wird begleitet von einer rahmigen Sauce. Das Füllen und Formen des Bratens ist mit Hilfe der **Kastenform** ganz einfach.

ZUBEREITUNGSZEIT: CA. 1 STD. 30 MIN.
PRO PORTION: CA. 785 KCAL
FÜR 4 PERSONEN

1 Brötchen (vom Vortag)
120 g getrocknete Tomaten in Öl
100 g Mozzarella
1/2 Bund Basilikum
500 g gemischtes Hackfleisch | 1 Ei
125 g Ricotta (oder Magerquark, abgetropft)
4 EL Tomatenmark
2 TL getrocknete italienische Kräuter
Salz | Pfeffer aus der Mühle
150 g Möhren
100 g Staudensellerie
1 Zwiebel
150 ml Weißwein
350 ml Fleischbrühe
200 g Sahne
heller Saucenbinder

1 Brötchen in kaltem Wasser einweichen. Tomaten in einem Sieb abtropfen lassen, Öl dabei auffangen. Mozzarella trockentupfen, in kleine Würfel schneiden und zwischen Küchenpapier abtropfen lassen. Tomaten würfeln. Basilikumblättchen hacken und mit Tomaten und Mozzarella mischen. Eine Kastenform (Länge 28 cm) und ein tiefes Backblech mit Tomatenöl fetten.

2 Den Backofen auf 220 °C (200 °C Umluft) vorheizen. Brötchen kräftig ausdrücken, zerpflücken und mit Hack, Ei, Ricotta, 2 EL Tomatenmark und Kräutern in eine Schüssel geben, salzen und pfeffern. Alles zu einem Teig verkneten, in zwei Portionen teilen. Eine Hälfte in die Form geben und glatt streichen. Mit einem feuchten Esslöffel längs mittig eine Vertiefung drücken, Mozzarella-Tomaten darin verteilen. Restlichen Hackteig darüber verstreichen, Hackteig auf das Blech stürzen, Form vorsichtig abheben.

3 Hackbraten im heißen Ofen (unten) 15 Min. braten. Inzwischen Möhren und Staudensellerie waschen und putzen. Die Zwiebel schälen. Gemüse klein würfeln und um den Hackbraten verteilen, 10 Min. mitbraten. 2 EL Tomatenmark, Wein und Brühe aufkochen und um den Braten gießen. Hitze auf 180 °C (160 °C Umluft) reduzieren, den Hackbraten weitere 25 Min. schmoren.

4 Den Hackbraten vorsichtig vom Blech heben und im ausgeschalteten Backofen 15 Min. ruhen lassen. Die Sauce in einen Topf gießen und pürieren, Sahne unterrühren, mit Saucenbinder binden, abschmecken. Braten am besten mit einem Elektromesser in Scheiben schneiden.

GARVARIANTE: POCHIERTE HACKBÄLLCHEN CAPRESE
Hackteig in acht Portionen teilen, zu Bällchen formen, dabei mit den Mozzarella-Tomaten füllen. Doppelte Menge der Brühe-Wein-Mischung mit dem Gemüse aufkochen, Hackbällchen zugeben, Hitze reduzieren und die Bällchen darin 12–15 Min. pochieren. Hackbällchen warm stellen. Von der Brühe 500 ml abgießen, Sauce wie beschrieben zubereiten.

Lombardischer Rinderschmorbraten mit Thymianpolenta

Die Anregung für diesen **saftigen** Schmorbraten stammt aus der **Franciacorta**, einem Landstrich in Norditalien, in dem herrlicher **Schaumwein** (»italienischer Champagner«) produziert wird.

ZUBEREITUNGSZEIT: CA. 3 STD. 30 MIN.
PRO PORTION: CA. 600 KCAL
FÜR 6 PERSONEN

5 Sardellenfilets (aus dem Glas)
1 kg Rinderschmorbraten
(z. B. Bürgermeisterstück)
1 Möhre | 100 g Staudensellerie
1 Zwiebel
3–4 Knoblauchzehen
150 ml Olivenöl
Pfeffer aus der Mühle
40 g Semmelbrösel
250 ml trockener Weißwein
500 ml Fleischbrühe
300 ml Milch | Salz
200 g Maisgrieß (Polenta)
1/2–1 Bund Thymian
200 ml Kondensmilch (10 % Fett)
30 g Butter
1 Bund glatte Petersilie
50 g Parmesan, frisch gerieben

1 Die Sardellenfilets trockentupfen und in Stücke schneiden. Fleisch trockentupfen und mit einem spitzen Messer rundherum mehrfach einstechen. Dabei in jeden Einschnitt 1 Sardellenstück stecken und andrücken. Die Möhre putzen und schälen, Sellerie putzen. Beides in 1 cm große Würfel schneiden. Zwiebel und Knoblauch schälen, Zwiebel fein würfeln, Knoblauch hacken.

2 Olivenöl in einem Bräter erhitzen, das Fleisch darin bei mittlerer bis starker Hitze rundherum goldbraun anbraten. Möhren, Sellerie, Zwiebeln und Knoblauch dabei mitbraten. Mit Pfeffer würzen. Semmelbrösel untermischen und kurz mitbraten. Wein zugeben und bei starker Hitze unter Rühren fast vollständig verdampfen lassen. Brühe angießen, zugedeckt aufkochen und bei kleiner Hitze 2 Std. 30 Min. weich schmoren.

3 Inzwischen 750 ml Wasser mit Milch und Salz aufkochen. Polenta unter Rühren mit einem Rührbesen einstreuen. Offen bei kleinster Hitze 40 Min. quellen lassen, dabei öfter mit einem Kochlöffel umrühren. Thymian abbrausen und die Blättchen abzupfen. Kondensmilch, Butter und Thymian kurz vor dem Servieren unter die Polenta rühren, salzen und pfeffern.

4 Die Petersilie abbrausen, trockenschütteln, die Blättchen abzupfen und hacken. Das Fleisch aus der Brühe heben und in Alufolie gewickelt ruhen lassen. Sauce fein pürieren. Unter Rühren den Käse in der Sauce schmelzen lassen, Petersilie untermischen. Fleisch quer zur Faser in Scheiben schneiden und mit Sauce und Thymianpolenta anrichten. Dazu passen grüne Bohnen.

TIPP Den Rinderbraten können Sie auch zugedeckt im vorgeheizten Backofen bei 180 °C (unten, Umluft nicht empfehlenswert) schmoren. Traditionell wird das Fleisch so lange geschmort, bis es beinahe auseinanderfällt und sich mit dem Esslöffel zerteilen lässt.

Völlig zermürbt: *Der Italo-Braten schmurgelt in Wein und Brühe so lange vor sich hin, bis er danach ganz bequem mit dem* Löffel gegessen *werden könnte. Da sich das gute Stück jedoch bestens als Festtagsessen eignet, darf es gerne stilvoll und mit* Messer und Gabel *verzehrt werden …*

Kochen, Schmoren, Braten – drei Garmethoden *auf einmal, und der Schweinebraten wird dreifach gut: zart, saftig und mega-knusprig! Ach – und viertens auch noch* crossover-würzig: *Mittelmeerkräuter plus* Chilisauce aus Fernost *machen's möglich!*

Gepökelter Schweinekrustenbraten

Knusperstück: Durch das **Kochen im Essigwasser** quillt die Schwarte auf und wird beim Braten **besonders kross** – da müssen Sie aufpassen, dass jeder beim Essen was abbekommt …

ZUBEREITUNGSZEIT: CA. 2 STD. 30 MIN.
PRO PORTION: CA. 770 KCAL
FÜR 6 PERSONEN

4 EL Weißweinessig
1,5 kg gepökelter Schweinebraten (aus der Keule, siehe Tipp)
je 1/2 Bund Thymian und Majoran
je 1/2 TL gemahlener Piment und Koriander
gemahlener weißer Pfeffer
2 EL Butterschmalz
400 ml Fleischbrühe
200 g kleine Schalotten
250 g Tomaten
200 ml Weißwein
2–3 EL süßscharfe Chilisauce
heller Saucenbinder

1 In einem Bräter 2 l Wasser mit dem Essig aufkochen. Inzwischen den Braten auf der Schwartenseite mit einem scharfen Messer (am besten ein Teppichmesser) rautenförmig einschneiden, ohne das Fleisch mit einzuschneiden. Braten mit der Schwarte nach unten in den Bräter legen, 10 Min. sprudelnd kochen lassen, wenden und weitere 5 Min. kochen. Backofen auf 220 °C (Umluft nicht empfehlenswert) vorheizen.

2 Die Kräuter waschen, trockenschütteln und mit Küchengarn zu einem Sträußchen binden, Piment, Koriander und Pfeffer mischen. Schweinebraten aus dem Bräter heben, sorgfältig trockentupfen und außer auf der Schwartenseite rundherum mit den Gewürzen einreiben. Das Butterschmalz im Bräter erhitzen, Fleisch außer auf der Schwartenseite rundherum anbraten, dann so legen, dass die Schwarte oben ist. 250 ml Brühe und die Kräuter zugeben. Zugedeckt im heißen Backofen (unten) 45 Min. schmoren.

3 Inzwischen die Schalotten so schälen, dass sie am Wurzelansatz noch zusammenhalten. Tomaten auf der runden Seite über Kreuz einritzen, in kochendem Wasser kurz blanchieren, abschrecken, häuten und in Stücke schneiden, Stielansatz dabei entfernen.

4 Backofentemperatur auf 180 °C reduzieren, Wein zum Fleisch geben. Offen weitere 40 Min. schmoren. Nach 10 Min. Schalotten und Tomaten zugeben. Chilisauce mit etwas Bratfond verrühren, nach 20 Min. das Fleisch damit rundum bestreichen, nach weiteren 5 Min. nochmals.

5 Den Braten mit der Schwarte nach oben auf ein Backblech heben. Backofen auf 250 °C Oberhitze schalten, das Fleisch 5–8 Min. (unten) braten, bis die Kruste knusprig ist (Achtung, verbrennt schnell!). Inzwischen die Kräuter aus dem Schmorfond entfernen. 150 ml Brühe zum Fond geben, Bratensatz mit einem Pinsel lösen. Fond aufkochen und mit Saucenbinder leicht binden. Fleisch am besten mit einem Elektromesser in Scheiben schneiden, mit der Sauce anrichten.

TIPPS Gepökeltes Fleisch muss beim Metzger vorbestellt werden. Nach diesem Rezept können Sie aber auch ein ungepökeltes Bratenstück zubereiten. Dann 1 TL Salz unter die Gewürze mischen.
Der Schweinebraten kann unter dem heißen Backofengrill übergrillt werden. Damit die Schwarte nicht verbrennt, den Braten nicht zu dicht unter den Grill einschieben und die Kruste hierbei ständig im Auge behalten.

Pochierter Kalbstafelspitz mit Gemüse und Kräutersauce

Einfach besonders: Der Tafelspitz eignet sich **prima als Gästeessen,** wenn Sie das Fleisch schon **am Vortag pochieren** und in der Brühe erkalten lassen. Dann können Sie aus der Brühe eine feine Vorsuppe machen.

ZUBEREITUNGSZEIT: CA. 2 STD.
PRO PORTION: CA. 320 KCAL
FÜR 6 PERSONEN

1 Bund Suppengrün
1 Zwiebel
2 frische Lorbeerblätter
4 Gewürznelken
1 kg Kalbstafelspitz | Salz
300 g gleich dicke Bundmöhren
300 g Romanesco
500 g grüner Spargel
100 g Zuckerschoten
1 Bund krause Petersilie
200 g Schmand
1–2 EL Zitronensaft | Zucker
1 Bund Schnittlauch
1 Beet Gartenkresse
Pfeffer aus der Mühle
150 g TK-Erbsen

1 Das Suppengrün waschen, putzen und in grobe Stücke schneiden. Suppengrün in einem großen Topf mit 4 l Wasser aufkochen. Die Zwiebel schälen, Lorbeerblätter und Nelken darauf stecken. Fleisch, Zwiebel und 1 EL Salz ins kochende Wasser geben. Die Hitze reduzieren und das Fleisch zugedeckt bei kleiner Hitze in 1 Std. 15 Min. gar ziehen lassen.

2 Inzwischen das Gemüse waschen. Die Möhren putzen, dabei etwa 1 cm Grün an den Möhren lassen und schälen. Romanesco in Röschen teilen. Spargel nur im unteren Drittel schälen. Zuckerschoten putzen. Petersilie abbrausen, trockenschütteln, die Blättchen abzupfen und mit Schmand und Zitronensaft pürieren. Schnittlauch abbrausen, trockenschütteln und in feine Röllchen schneiden, Kresse abschneiden. Beides unter den Schmand rühren und mit 1 Prise Zucker, Salz und Pfeffer abschmecken. Kalt stellen.

3 Das Fleisch aus der Brühe heben, Brühe durch ein Sieb in einen sauberen Topf gießen. 1 l Tafelspitzbrühe abmessen. Das Fleisch in der restlichen Brühe warm halten. Abgemessene Brühe aufkochen, Möhren darin 4 Min. kochen lassen. Dann Romanesco und Spargel zugeben und weitere 5 Min. kochen lassen. Zuckerschoten und die Erbsen zugeben und das Ganze noch 3–4 Min. kochen lassen.

4 Den fertig gegarten Kalbstafelspitz aus der Brühe heben und in Scheiben geschnitten mit Gemüse und Kräutersauce anrichten. Dazu passen Salz- oder Pellkartoffeln.

GARVARIANTE: GESCHMORTER KALBSTAFELSPITZ
500 g Suppengrün putzen, 1 cm groß würfeln. 300 g Tomaten waschen und vierteln. Tafelspitz salzen und pfeffern, in einem Bräter in 3 EL Öl rundum braun anbraten, herausheben. Suppengrün im Bratfett unter Rühren 5 Min. braten. Tomaten unterheben. Fleisch mit der Haut nach oben darauf setzen. Je 250 ml Kalbsfond und Weißwein zugießen, zugedeckt aufkochen. Alles im vorgeheizten Backofen bei 160 °C (Mitte, 140 °C Umluft) 1 Std. schmoren, Fleisch zwei Mal wenden. Braten in Alufolie gewickelt im ausgeschalteten Backofen ruhen lassen. Schmorfond durch ein feines Sieb in einen Topf gießen. Mit Salz und Pfeffer abschmecken, zum aufgeschnittenen Braten servieren. Dazu passt Gemüse mit Sauce (Rezept oben), Salzkartoffeln.

Frühlingserwachen **auf die schlanke Art:** *Hier kommt der Wiener Küchenklassiker mal nicht mit scharfer Meerrettichsauce und deftigen Röstkartoffeln daher,* **sondern ganz frisch** *und leicht mit sämiger Kräutersauce und viel* **knackigem Gemüse.** *Keine Schon-, sondern Verwöhnkost!*

Lorbeer-Schweinefilet mit weißem Bohnenpüree und Balsamicosauce

Das kräftig mediterrane Aroma der **Lorbeerblätter** würzt im Dampf gegartes Schweinefilet, das von **schmelzendem Bohnenpüree** und zartsaurer Balsamicosauce ergänzt wird.

ZUBEREITUNGSZEIT: CA. 50 MIN.
PRO PORTION: CA. 450 KCAL
FÜR 4 PERSONEN

1 Glas weiße Bohnen (680 g Füllmenge) | 600 g Schweinefilet (2 gleich große Stücke) Salz | Pfeffer aus der Mühle | ca. 30 frische Lorbeerblätter | 1 Zwiebel 1 Knoblauchzehe | 5 EL Olivenöl | 150 ml roter Traubensaft | 150 ml Kalbsfond 3–4 EL Aceto balsamico | 1–2 TL Zucker | 40 g eiskalte Butter in Stückchen

AUSSERDEM

Küchengarn

1 Bohnen in einem Sieb abtropfen lassen, Flüssigkeit dabei auffangen. Schweinefilets rundherum salzen und pfeffern und mit Küchengarn wie einen Rollbraten verschnüren. Lorbeerblätter mehrfach einschneiden und dicht an dicht unter das Küchengarn stecken.

2 Die Zwiebel schälen und würfeln, Knoblauch schälen und hacken. In 2 EL heißem Olivenöl glasig dünsten. Bohnen und 100 ml Flüssigkeit zugeben und offen bei kleiner Hitze 8–10 Min. dünsten, bis die Flüssigkeit fast vollständig verdampft ist, dabei gelegentlich umrühren, damit die Bohnen nicht anbrennen.

3 Inzwischen die vorbereiteten Filets nebeneinander in einen Dämpfeinsatz legen. Dämpfeinsatz in einen passenden Topf stellen und so viel Wasser zugeben, dass das Fleisch damit nicht in Berührung kommt. Den Topf schließen, das Wasser aufkochen und die Filets im Wasserdampf 20 Min. dämpfen.

4 Bohnen und 3 EL Olivenöl pürieren, salzen und pfeffern und warm halten. Traubensaft bei sehr starker Hitze fast vollständig einkochen lassen. Kalbsfond zugeben und auf die Hälfte einkochen lassen. Sauce mit Aceto balsamico, Zucker, Salz und Pfeffer abschmecken und aufkochen. Bei kleiner Hitze die Butter stückchenweise einschwenken und die Sauce damit binden. Sauce nicht mehr kochen lassen. Schweinefilets aufschneiden und mit Bohnenpüree und Balsamicosauce anrichten.

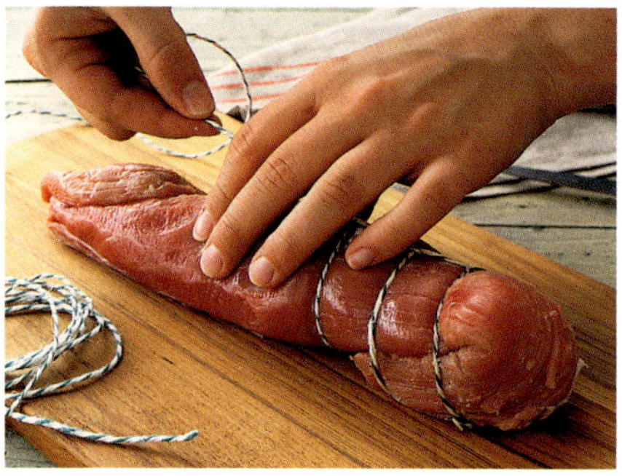

Beim Verschnüren des Filets die dünne Filetspitze so umklappen, dass das Filet überall gleich dick ist. So kann es gleichmäßig durchgaren.

Lorbeerblätter mit einer Küchenschere zwischen den feinen Blattadern mehrfach einschneiden, so können sie ihr wunderbares Aroma besser an das Fleisch abgeben.

> GARVARIANTE: **ANGEBRATEN GEDÄMPFTES LORBEER-SCHWEINEFILET**
> **Das Fleisch zusätzlich mit frisch geriebener Muskatnuss würzen und nach dem Verschnüren in heißem Olivenöl rundherum anbraten. Etwas abkühlen lassen, dann die Lorbeerblätter befestigen und die Filets wie beschrieben dämpfen.**

So **viele Vorteile** *das sanfte Garen im Dämpfeinsatz in punkto Geschmack auch hat – gerade Fleisch sieht danach meist nicht mehr ganz so attraktiv aus… Dieses Manko ist hier* **äußerst clever** *gelöst: mit einer hübschen »Verpackung«* **aus vielen sattgrünen** *Lorbeerblättern!*

Steaks zu braten ist für Sie eine **Geheimwissenschaft?** So gelingt's: Fleisch immer 30 Minuten vor dem Braten **aus dem Kühlschrank** nehmen.

Rumpsteak – fünf Mal anders gegart

FÜR 4 PERSONEN

1. GARVARIANTE

4 Rumpsteaks (à 200 g, je 2 cm dick)
schwarzer Pfeffer aus der Mühle
2 EL Öl | 20 g Butter | Salz
400 ml Rinderfond (aus dem Glas)
200 g Sahne | 3 EL Whisky
1 TL Speisestärke
2 TL grüner Pfeffer (aus dem Glas), abgetropft und gehackt

1. GARVARIANTE: STEAK MIT WHISKYSAUCE

Backofen auf 160 °C Ober-/Unterhitze vorheizen. Fettrand der Steaks mehrfach einschneiden. Steaks trockentupfen und rundherum mit Pfeffer würzen. Öl und Butter stark erhitzen, Steaks darin auf jeder Seite 1–2 Min. braun anbraten, herausnehmen, beidseitig salzen. Steaks auf einer Platte im heißen Ofen auf dem Rost (Mitte, Umluft nicht geeignet) 8–10 Min. weiterbraten. Einzeln fest in Alufolie wickeln und ruhen lassen, bis die Sauce zubereitet ist. Rinderfond in der Bratpfanne bei starker Hitze auf 200 ml reduzieren, dabei den Bratfond lösen. Fond durch ein feines Sieb in einen Topf gießen. Sahne zugeben, aufkochen. Whisky mit Stärke verrühren, einrühren und aufkochen. Pfeffer in die Sauce geben und diese abschmecken.

2. GARVARIANTE: STEAKS MIT PARMESAN-POLENTA-KRUSTE

100 g Maisgrieß (Polenta) in 400 ml kochendes Salzwasser rühren und 15 Min. bei kleinster Hitze quellen lassen, dabei häufig umrühren. Abkühlen lassen, 1 Eigelb und 30 g geriebenen Parmesan unterrühren. Backofengrill vorheizen. 4 Rumpsteaks wie beschrieben anbraten und mit Polenta bestreichen. Mit 40 g Parmesan bestreuen. Auf einem gefetteten Backblech im heißen Ofen (oben) in 6–8 Min. goldbraun gratinieren. Vor dem Servieren im ausgeschalteten Ofen (unten) noch 5 Min. ruhen lassen.

3. GARVARIANTE: PFANNENGEGRILLTES MARINIERTES STEAK

2 doppelte Rumpsteaks (à 400 g, 4 cm dick) in einem Gefrierbeutel mit je 2 EL geh. Rosmarinnadeln, Thymian- und Majoranblättchen, 1 gepressten Knoblauchzehe, 120 ml Olivenöl mischen. Im Kühlschrank 12 Std. marinieren, salzen. 6 halbe Rosmarinzweige, je 6 Thymian- und Majoranzweige beidseitig auf den Steaks mit Küchengarn festbinden. Steaks in einer heißen gefetteten Grillpfanne beidseits 4 Min. grillen, wie auf S. 176 im Ofen 12–15 Min. weiterbraten. Einzeln in Alufolie gewickelt 5 Min. ruhen lassen.

4. GARVARIANTE: OFENGEGRILLTES MARINIERTES STEAK

1 EL abgeriebene Limettenschale und 4 EL Limettensaft mit 4 EL braunem Rum, 2 EL Öl, 2 durchgepressten Knoblauchzehen, 1 TL gemahlenem Kreuzkümmel und 1/2 TL Cayennepfeffer verrühren. Mit 4 Rumpsteaks (à 200 g, je 2 cm dick) in einem Gefrierbeutel durchmischen. Im Kühlschrank 4 Std. marinieren. Backofengrill vorheizen. Steaks salzen und auf einem Blech im heißen Ofen (oben) 5 Min. grillen. Steaks wenden und weitere 4 Min. grillen. Im ausgeschalteten Ofen (unten) 5 Min. ruhen lassen.

5. GARVARIANTE: STEAK AUS DEM WOK

4 Frühlingszwiebeln in Stücke von 3 cm schneiden. 40 g Ingwer und 2 Knoblauchzehen hacken. 2 Rumpsteaks (à 200 g, 2 cm dick, ohne Fettrand) quer in dünne Scheiben schneiden. Im Wok in zwei Portionen in 2 EL Öl und 1 TL geröstetem Sesamöl braun anbraten, herausheben. Zwiebeln, Ingwer und Knoblauch 1 Min. pfannenrühren. 100 ml Brühe, je 3 EL Sojasauce und süßscharfe Chilisauce zugeben. 300 g jungen Blattspinat unterheben, zusammenfallen lassen. Fleisch untermischen, mit Zitronensaft abschmecken.

Sanft geschmorte Lammschulter

Ganze **6 Stunden lang** schmort die Lammschulter im Backofen **bei milden 100 °C** – Zeit genug, um den Tisch zu decken und sich auf den saftig **würzigen** Braten zu freuen.

ZUBEREITUNGSZEIT: CA. 6 STD. 30 MIN.
(DAVON REINE ARBEITSZEIT: 50 MIN.)
PRO PORTION: CA. 375 KCAL
FÜR 6 PERSONEN

1 Lammschulter mit Knochen (1,8 kg)
4 EL Olivenöl
je 1/2 TL weißer und schwarzer Pfeffer
1/4 TL Muskatblüte (Macis)
3 Pimentkörner
feines Meersalz
3–4 Knoblauchzehen
1 große rote Zwiebel
180 g Staudensellerie
1 frische rote Chilischote
3 frische Lorbeerblätter
2 Zweige Rosmarin
4 Zweige Thymian
300 ml Weißwein
300 ml Lammfond (aus dem Glas)

AUSSERDEM

Küchengarn

1 Backofengrill auf 250 °C vorheizen. Lammschulter eventuell von Fett und Sehnen befreien, trockentupfen und rundherum mit Olivenöl einreiben. Pfeffer, Muskatblüte und Piment im Mörser fein zerstoßen, mit Meersalz mischen und die Lammschulter damit rundherum würzen.

2 Lammschulter auf der Fettpfanne des Backofens (oben) auf jeder Seite 8 Min. grillen. Lammschulter auf die untere Schiene stellen, Hitze auf 100 °C Ober-/Unterhitze einstellen und bei geöffneter Backofentür die Ofentemperatur auf 100 °C sinken lassen (bis das Licht der Temperaturanzeige aufleuchtet). Backofentür schließen und die Lammschulter 6 Std. braten.

3 Ungeschälte Knoblauchzehen mit einer breiten Messerklinge andrücken. Zwiebel schälen und fein würfeln. Lammschulter nach 2 Std. wenden, Knoblauch und Zwiebeln um das Fleisch verteilen.

4 Staudensellerie waschen, putzen und in 1 cm große Stücke schneiden. Chilischote und Lorbeerblätter waschen, Schote und die Lorbeerblätter mit einer Schere mehrfach einschneiden. Rosmarin und Thymian abbrausen, trockenschütteln und zusammen mit Lorbeerblättern und Chilischote mit Küchengarn zusammenbinden. Die Lammschulter nach weiteren 2 Std. erneut wenden. Sellerie und Kräuterstrauß mit Wein und Lammfond aufkochen, in die Fettpfanne geben und alles zusammen zu Ende schmoren.

5 Fleisch fest in Alufolie wickeln und auf dem Backofenrost warm halten. Brühe durch ein Sieb in einen Topf gießen. Kräuterstrauß entfernen und so viel Schmorgemüse in der Sauce pürieren, bis die gewünschte Konsistenz erreicht ist. Fleisch vom Knochen lösen, in Scheiben schneiden und mit der Sauce anrichten.

GARVARIANTE: KLASSISCH GESCHMORTE LAMMSCHULTER
Wer weniger Geduld hat, kann die gewürzte Lammschulter auch in einem großen Bräter im heißen Olivenöl bei starker Hitze rundherum anbraten. Herausheben, Zwiebeln, Knoblauch und Sellerie im Bratfett anbraten. Das Fleisch darauf setzen, Wein, Fond und 200 ml Wasser angießen. Zugedeckt im auf 180 °C Ober-/Unterhitze vorgeheizten Backofen auf dem Rost (unten, Umluft nicht empfehlenswert) 2 Std. 45 Min. schmoren. Sauce wie beschrieben zubereiten.

Gut Ding **will Weile haben** *– und so auch die Lammschulter! Weswegen es schon sechs Stunden sein müssen, bis sie wieder aus dem Backofen darf. Dann ist sie aber* **so saftig und** *zart – das lange Warten hat sich mehr als gelohnt!*

Gebratene Entenbrust mit Granatapfelsauce

Die Entenbrust wird erst auf der Hautseite, dann auf der Fleischseite angebraten. Anschließend brät sie in der Pfanne bei 80 °C im Backofen weiter: So bleibt das Fleisch wunderbar zart.

ZUBEREITUNGSZEIT: CA. 40 MIN.
PRO PORTION: CA. 655 KCAL
FÜR 4 PERSONEN

2 frische Entenbrüste à 330 g
2–3 Granatäpfel
Salz | Pfeffer aus der Mühle
1/2 Bund Thymian
150 ml Rotwein
400 ml Geflügelbrühe
Zucker
60 g eiskalte Butter in Stückchen

AUSSERDEM

Küchengarn

1 Entenbrüste kalt waschen, mit Küchenpapier trockentupfen und für 20 Min. nebeneinander liegend offen ins Gefrierfach legen. Granatäpfel quer halbieren und aus ihnen mit Hilfe der Zitronenpresse 200 ml Saft auspressen (Vorsicht: Es spritzt!)

2 Den Backofen auf 80 °C Ober-/Unterhitze vorheizen. Haut und Fettschicht der angefrorenen Entenbrüste mit einem scharfen Messer rautenförmig einschneiden. Dabei das Brustfleisch nicht verletzen.

3 Die Brüste in einer Pfanne ohne Fett bei starker Hitze zuerst auf der Hautseite etwa 2 Min. braten. Dann wenden und auf der Fleischseite 2 Min. braten, salzen und pfeffern. Entenbrüste in einer ofenfesten Form im heißen Backofen (Mitte, Umluft nicht empfehlenswert) noch 30 Min. weiterbraten.

4 Den Thymian abbrausen, trockenschütteln und mit Küchengarn zusammenbinden. Rotwein in die Pfanne geben und bei starker Hitze fast verdampfen lassen. Geflügelbrühe und Thymian zugeben und bei starker Hitze auf die Hälfte einkochen.

5 Granatapfelsaft zur Sauce geben und diese weitere 5 Min. kochen lassen. Den Thymian entfernen und die Sauce mit 1 Prise Zucker, Salz und Pfeffer abschmecken. Die Sauce aufkochen, Butter stückchenweise einschwenken, jedoch nicht mehr kochen lassen.

6 Die Entenbrust in Scheiben schneiden und mit der Sauce anrichten. Dazu passt Kartoffelpüree mit gebratenen Äpfeln.

TIPP Sehr apart sieht das Gericht aus, wenn Sie es mit Granatapfelkernen garnieren. Dafür 1 Granatapfel entkernen. Die harte Haut von der Blüte zum Stielansatz einschneiden. Den Granatapfel auseinander brechen und die Kerne zwischen den Trennhäuten herauslösen.

Edle Entenbrust mit der 80-Grad-Methode *ganz, ganz langsam zu garen ist fast schon ein Klassiker. Doch statt sie mit Kloß und Blaukraut zu überhäufen, lasse ich* meine Ente *lieber in einem aparten, süßsäuerlichen* Saucen-See baden.

Pochierte Hähnchenbrust auf Gurkennudeln

Ihre Gäste werden sich wundern, wie **saftig und zart** Sie diese Hähnchenbrust servieren, denn durch das **Garziehen im siedenden Wasser** gerinnt das Eiweiß der Randschichten sofort und das Fleisch kann nicht auslaugen.

ZUBEREITUNGSZEIT: CA. 35 MIN.
PRO PORTION: CA. 330 KCAL
FÜR 4 PERSONEN

2 kleine Salatgurken à 300 g | Salz
4 Hähnchenbrustfilets à 200 g
2 Bio-Limetten
2 kleine rote Chilischoten
1–2 Knoblauchzehen
20 g frischer Ingwer
8 EL Ketchup manis (indonesische süße Sojasauce, aus dem Asienladen)
3 schlanke Frühlingszwiebeln
1 Bund Koriandergrün
50 g geröstete und gesalzene Erdnüsse

1 Gurken waschen, trocknen und mit einem Sparschäler in langen Streifen bis zu den Kernen abschälen. In einer Schüssel mit wenig Salz mischen und beiseite stellen. Hähnchenbrustfilets kalt waschen, mit Küchenpapier trockentupfen.

2 Die Limetten heiß waschen, trocknen und die Schale von 1 Limette möglichst in einem Stück abschälen. In einem weiten Topf 2 l Wasser mit der Limettenschale aufkochen, kräftig salzen. Hähnchenbrustfilets zugeben und zugedeckt bei kleiner Hitze 15 Min. pochieren.

3 Die Chilischoten waschen, längs halbieren, Trennwände und Samen entfernen. Fruchtfleisch quer in sehr feine Streifen schneiden. Knoblauch schälen, Ingwer dünn schälen. Beides fein hacken und mit Chili und Ketchup manis mischen. Frühlingszwiebeln waschen, putzen und das Hellgrüne und Weiße in feine Ringe schneiden. Koriander abbrausen, trockenschütteln, die Blättchen mit den zarten Stielen hacken. Mit den Frühlingszwiebeln unter die Sauce mischen. 6 EL Limettensaft auspressen und mit der Sauce verrühren.

4 Erdnüsse grob hacken. Gurken in einem Sieb abtropfen lassen und auf vier Teller verteilen. Hähnchenbrust schräg in Scheiben schneiden und auf die Gurken setzen. Jeweils 1–2 EL Sauce über das Fleisch geben, restliche Sauce dazuservieren. Mit Erdnüssen bestreuen. Dazu passt Reis oder Krupuk (Krabbenchips).

GARVARIANTE: AUF GURKENNUDELN GEDÄMPFTE HÄHNCHENBRUST
Hähnchenbrust in wenig Öl auf beiden Seiten 1 Min. anbraten. 5 Min. ruhen lassen. Abgetropfte Gurken auf zwei Dämpfkörbe verteilen, Hähnchenbrüste in Scheiben schneiden, auf die Gurken setzen und mit je 1–2 EL Sauce beträufeln. Zugedeckt 8 Min. dämpfen.

Nudeln **selber zu machen** *kann so simpel sein! Vor allem, wenn sie mal nicht wie üblich aus Mehl und Wasser geknetet, sondern einfach von einer* **Gurke abgeschält** *werden … Ein weiteres Plus: So kommen sie dann auch noch* **ganz »low carb«** *daher!*

Chicken Wings sind mega-out! Statt magerer, trockener Knabberei sind jetzt unendlich saftige Keulen *angesagt. Drum die Hähnchenbeine in den Sack, die* Würzmarinade dazu *– und dann ab ins Rohr! Heraus kommt* Fastfood de luxe, *das auch Gästen schmeckt.*

Gebackene Hähnchenkeulen mit Ketchup-Senf-Sauce

Suchtgefahr: Diese **wunderbar würzigen** Hähnchenkeulen werden schnell ganz oben auf der Hitliste Ihrer Lieblingsessen landen. Wenn Sie Zeit haben, **marinieren Sie die Keulchen über Nacht** – dann schmecken sie nochmal so gut.

ZUBEREITUNGSZEIT: CA. 50 MIN.
BEI 6 PERSONEN PRO PORTION: CA. 340 KCAL
FÜR 4–6 PERSONEN

6 Hähnchenkeulen | 5 EL flüssiger Honig
2 EL Worcestershiresauce
1 EL Sojasauce | 9 EL Tomatenketchup
2 EL grober Senf | 300 g kleine Tomaten
1 Bund Koriandergrün | Fett für die Form

AUSSERDEM

1 großer Gefrierbeutel

1 Backofen auf 220 °C vorheizen. Hähnchenkeulen kalt waschen und mit Küchenpapier trockentupfen. Keulen im Gelenk teilen, häuten und die 12 Teile in einen Gefrierbeutel geben. Honig, Worcestershiresauce, Sojasauce, Ketchup und Senf verrühren. In den Gefrierbeutel geben, diesen verschließen und alles gut durchmischen.

2 Hähnchenteile mit der Marinade in eine gefettete ofenfeste Form geben und im Backofen auf dem Rost (unten, 200 °C Umluft) 15 Min. backen. Hähnchenteile wenden und weitere 15 Min. backen.

3 Inzwischen die Tomaten waschen, vierteln, dabei den Stielansatz entfernen. Tomatenviertel vorsichtig unter die Hähnchenteile mischen und weitere 5 Min. backen. Koriandergrün abbrausen, trockenschütteln, die Blättchen abzupfen, grob hacken und über die Hähnchenteile streuen. Dazu passen Kartoffelecken aus dem Ofen.

Das Gelenk der Hähnchenkeulen ertasten und am besten mit einer Geflügelschere durchschneiden.

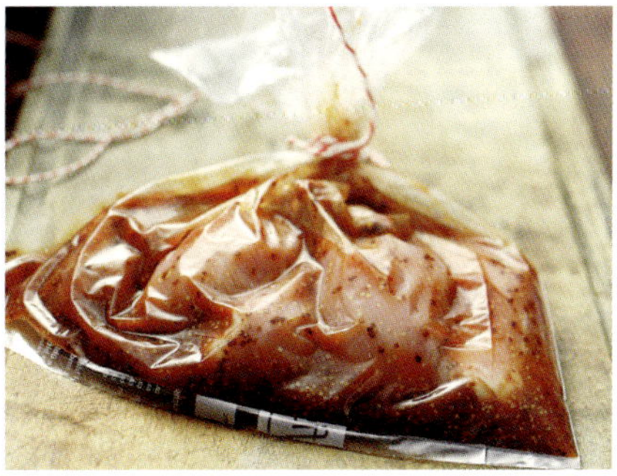

Praktisch: die Hähnchenteile in einem großen Gefrierbeutel marinieren. So bleiben die Hände sauber!

GARVARIANTE: **FRITTIERTE HÄHNCHENKEULEN**

Hähnchenkeulen wie beschrieben zerteilen und häuten. 120 g Cornflakes im Blitzhacker fein zerkleinern und in einen Gefrierbeutel geben. 120 g Mehl und 1 TL rosenscharfes Paprikapulver in einem Gefrierbeutel mischen, 2 Eier in einer Schale verkleppern. Frittieröl auf 160 °C erhitzen, Backofen auf 100 °C vorheizen. Fleisch trockentupfen, rundherum salzen. Je 2 Teile erst im Beutel mit dem Mehl panieren, überschüssiges Mehl abklopfen. Teile dann in den Eiern wenden und im Beutel mit den Cornflakesbröseln panieren, Brösel gut andrücken. Je 4 Hähnchenteile in 6–7 Min. goldbraun frittieren und auf einem mit Küchenpapier ausgelegten Backblech warm halten. Dazu passt die Barbecuesauce von Seite 98.

Im eigenen Saft gedünstetes Hähnchen mit Gemüse

Ein klassisches Sonntagsessen neu entdeckt. Öffnen Sie den Schmortopf erst bei Tisch, denn das herausströmende Aroma ist herrlich.

ZUBEREITUNGSZEIT: CA. 1 STD. 10 MIN.
PRO PORTION: CA. 655 KCAL
FÜR 4 PERSONEN

1 Brathähnchen (ca. 1 kg)
Salz | Pfeffer
1 Bund Thymian
200 g runde Schalotten
300 g Möhren
200 g Staudensellerie
200 g Zucchini
150 g Kirschtomaten
2–3 Knoblauchzehen
8 EL Olivenöl
300 g Mehl

1 Hähnchen kalt waschen, mit Küchenpapier trockentupfen und innen und außen mit Salz und Pfeffer einreiben. Den Thymian abbrausen, trockenschütteln, die Hälfte der Zweige in die Bauchhöhle geben und das Hähnchen mit der Brustseite nach oben in einen Bräter legen.

2 Die Schalotten so schälen, dass sie am Wurzelansatz noch zusammenhalten. Schalotten halbieren oder vierteln. Die Möhren schälen, den Staudensellerie waschen, putzen, eventuell entfädeln (siehe das Bild auf Seite 140). Beides längs halbieren. Zucchini waschen, putzen und längs vierteln. Alles Gemüse in 3 cm lange Stücke schneiden. Den Backofen auf 180 °C vorheizen.

3 Tomaten waschen und die Haut auf der runden Seite kreuzweise einschneiden. Knoblauch schälen und hacken. Vom übrigen Thymian die Blättchen abzupfen, grob hacken. Knoblauch schälen und fein hacken. Mit Gemüse, Salz und Pfeffer mischen und alles um das Hähnchen herum verteilen. Olivenöl darüber träufeln.

4 Aus dem Mehl und 150 ml Wasser einen Teig kneten, diesen zu einer fingerdicken Rolle formen und auf den Bräterrand setzen. Den Bräterdeckel aufsetzen und fest in den Teig drücken, so dass der Topf nun fest verschlossen ist. In den Backofen auf den Rost (unten, 160 °C Umluft) setzen und 45 Min. dünsten. Aus dem Ofen nehmen und 10 Min. ruhen lassen. Direkt aus dem Bräter servieren. Dazu passt Baguette, das Sie während der Ruhezeit im ausgeschalteten Ofen aufbacken können.

GARVARIANTE: HÄHNCHEN IN SAHNESAUCE
Hähnchen zerlegen: Schenkel nach außen biegen, am oberen Gelenk vom Rumpf schneiden, im unteren Gelenk halbieren. Flügelspitzen abschneiden, Flügel vom Rumpf schneiden. Brust längs halbieren. Alle Stücke häuten und das Feisch von den Knochen lösen, in gleich große Stücke schneiden, salzen und pfeffern, in einem Schmortopf in 2 EL Öl hell anbraten. 2 fein gewürfelte Schalotten zugeben, glasig braten. Je 200 ml Weißwein und Geflügelbrühe angießen, zugedeckt aufkochen. 15 Min. bei kleiner Hitze schmoren. Fleisch herausheben, warm stellen. 200 g Sahne in den Topf geben, offen auf die Hälfte einkochen lassen. Topf vom Herd nehmen, 2 EL gehackten Estragon und 1 verkleppertes Eigelb in die Sauce rühren. Bei kleiner Hitze unter Rühren erhitzen bis die Sauce bindet. Fleisch in die Sauce geben. Dazu passt Baguette.

Der Geschmackstresor: *Im mit Teig versiegelten Topf zirkulieren feinste Mittelmeeraromen. Gewünschter Nebeneffekt: Sie gehen dem Hähnchen nicht nur* unter die Haut, *sondern halten es auch schön saftig. Vorsicht* beim Öffnen *– starke Urlaubshalluzinationen möglich!*

Saftige Sommerbeeren unter der gratinierten Cremehaube, wärmender Dampfapfel mit Ingwer-Marzipan-Füllung oder ein Schokopudding mit Schmelz – Süßschnäbel und Naschkatzen werden sich die Lippen lecken! Ebenso leidenschaftliche Köche mit Lust aufs Ausprobieren, denn spannende Rezepte mit vielen Varianten sorgen für einen krönenden Menüabschluss im immer anderen Gar-Gewand!

Gratin von roten Sommerbeeren

So schmeckt der Sommer: **Frische Beeren** vom Markt oder aus dem Garten werden unter dem **Backofengrill** gratiniert – Ihre Gäste werden von diesem besonders einfachen, aber einfach besonderen Dessert **begeistert** sein. Meine sind es jedes Mal…

ZUBEREITUNGSZEIT: CA. 15 MIN.
KÜHLZEIT: 30 MIN.
PRO PORTION: CA. 260 KCAL
FÜR 4 PERSONEN

250 g kleine Erdbeeren
200 g Himbeeren
4 Eigelbe
90 g feiner Zucker
1 Päckchen Vanillezucker
75 g kalte Crème double

1 Die Erdbeeren kurz abspülen, trockentupfen und die Kelchblätter entfernen. Große Erdbeeren eventuell halbieren. Die Himbeeren verlesen. Die Früchte auf vier flache ofenfeste Förmchen verteilen und 30 Min. kalt stellen.

2 Backofengrill vorheizen. Eigelbe, Zucker und Vanillezucker mit den Quirlen des Handrührers hellgelb und dickcremig aufschlagen, das dauert etwa 5 Min. Crème double zugeben und weitere 2 Min. rühren. Die Masse auf den Früchten verteilen.

3 Die Förmchen auf den Rost stellen und auf der zweiten Schiene von oben unter dem heißen Grill 4–5 Min. goldgelb übergrillen. Das Gratin sofort servieren.

GARVARIANTE: ROTE BEERENGRÜTZE MIT EIS
Erdbeeren und Himbeeren wie beschrieben vorbereiten. 150 g rote Johannisbeeren waschen und von den Stielen befreien. 500 ml roten Johannisbeersaft und 100 g Zucker aufkochen. 2–3 EL Vanillepuddingpulver mit wenig kaltem Wasser verrühren. Unter Rühren in den kochenden Saft geben und einmal unter Rühren aufkochen. Beeren sorgfältig unterrühren, Grütze abgedeckt kalt stellen. 20 g Mandelblättchen in einer Pfanne ohne Fett unter Rühren goldbraun rösten, herausnehmen. 250 g Sahne und 1 Päckchen Vanillezucker mit einem Rührbesen halbsteif schlagen. Beerengrütze mit Mandeln bestreuen, Sahne dazuservieren.

Birnen sind in der Küche **äußerst vielseitig** und lassen sich mit verschiedensten Zutaten **kombinieren.** Durch die unterschiedlichen Gartechniken ergeben sich **ganz überraschende** Desserts.

Birnen – fünf Mal anders gegart

FÜR 4 PERSONEN

1. GARVARIANTE

1/2 Vanilleschote | 1 Zimtstange
2–3 Gewürznelken
1 Stück Bio-Zitronenschale
40 g Zucker | 600 g Birnen

1. GARVARIANTE: **IM VANILLESUD GEKOCHTE BIRNENVIERTEL**

Vanilleschote längs aufschneiden und das Mark herauskratzen. Beides mit 250 ml Wasser, Zimt, Nelken, Zitronenschale und Zucker aufkochen.
Die Birnen schälen, vierteln und das Kernhaus entfernen. Birnenviertel in den Gewürzsud geben, zugedeckt aufkochen und bei kleiner Hitze 8–12 Min., je nach Reife der Birnen, kochen lassen. Birnen im Sud abkühlen lassen, Vanilleschote entfernen und z. B. mit Vanilleeis servieren.

2. GARVARIANTE: BIRNENPÜREE MIT INGWER

250 g Birnenviertel (geschält, ohne Kernhaus) mit 20 g gehacktem eingelegtem Ingwer (Asienladen), 2 TL Ingwersirup und 4 EL Weißwein in eine Auflaufform geben. Abgedeckt im Backofen bei 160 °C (Mitte, 150 °C Umluft) in 30–40 Min. weich dünsten. Aus dem Sud heben, abkühlen lassen. 80 g braune Kekse (z. B. dunkler Saucenlebkuchen) zerkrümeln, mit 60 g geriebener Bitterschokolade und 4 EL Birnensud mischen. Birnen pürieren. Beides in vier Gläser schichten, 2 Std. kalt stellen, mit Schlagsahne servieren.

3. GARVARIANTE: GEBACKENE BIRNEN

4 Birnen à 200 g schälen, halbieren, das Kernhaus entfernen. Hälften in eine gefettete Auflaufform setzen. 250 ml frisch gepressten Orangensaft darüber geben. 25 g weiche Butter, 50 g Zucker und 1 TL abgeriebene Orangenschale verrühren, 50 g gemahlene Mandeln untermischen. 1 Eiweiß steif schlagen, unterheben. Masse auf den Birnen verteilen, mit 2 EL Mandelblättchen bestreuen. Abgedeckt im auf 200 °C vorgeheizten Backofen (Mitte, 180 °C Umluft) 20–25 Min. dünsten. Offen in weiteren 20 Min. goldbraun backen.

4. GARVARIANTE: IN KAFFEE POCHIERTE BIRNEN

5–6 Kardamomkapseln mit dem Messerrücken andrücken, mit 750 ml Kaffee und 100 g Zucker aufkochen. 4 reife Birnen (à 160 g) schälen, in den Kaffee legen, mit einem Teller beschweren. Birnen zugedeckt aufkochen, bei kleiner Hitze 12–18 Min. (je nach Reife) pochieren, über Nacht im Kaffee erkalten lassen, herausnehmen. Kaffee bei starker Hitze sirupartig einkochen, abkühlen lassen. Kardamom entfernen. Birnen mit Sirup, halbsteif geschlagener Vanille-Crème-double und Hippenröllchen anrichten.

5. GARVARIANTE: GEGRILLTE BIRNEN MIT KÄSE

150 g Gorgonzola zerdrücken, 120 g Doppelrahmfrischkäse untermischen. 4 reife Birnen (à 160 g) sechsteln, das Kernhaus entfernen und die Birnenstücke mit 2 EL Zitronensaft bestreichen. Eine Grillbratpfanne erhitzen, 1 EL Öl darin verlaufen lassen. Birnen trockentupfen, leicht pfeffern und portionsweise auf jeder Seite 1–2 Min. grillen. Auf vier Teller setzen, mit 2 TL Waldhonig beträufeln. Aus der Käsecreme mit 2 nassen Teelöffeln Nocken formen, zwischen die Birnen setzen. Mit gehackten Walnüssen bestreuen.

Mohnschmarren aus dem Wok

Das schmeckt: Österreichische Mehlspeise mit indianischen Früchten im asiatischen Allround-Kochgerät gebraten. Stäbchen und Gabeln der Welt vereinigt Euch!

ZUBEREITUNGSZEIT: CA. 40 MIN.
BEI 6 PERSONEN PRO PORTION: CA. 420 KCAL
FÜR 4–6 PERSONEN

4 Eier | Salz
100 g Zucker
1 Päckchen Vanillezucker
100 ml Milch
100 g Sahne
120 g Mehl
2 EL Mohnsamen
4 EL Butterschmalz
50 g getrocknete Cranberries
30 g Butter
Puderzucker zum Bestäuben

1 Die Eier trennen. Eiweiße und 1 Prise Salz unter langsamer Zugabe von 40 g Zucker und Vanillezucker zu steifem Schnee schlagen. Eigelbe, Milch, Sahne, Mehl, Mohn und 50 g Zucker verrühren. Eischnee unter den Eigelbteig heben.

2 Mohnschmarren portionsweise backen. Dafür einen Wok bei mittlerer Hitze heiß werden lassen, jeweils 1 EL Butterschmalz darin zerlaufen lassen und ein Viertel der Teigmasse zugeben. Sofort mit einem Viertel der Cranberries bestreuen. Teig zugedeckt bei kleiner Hitze auf beiden Seiten jeweils 3 Min. hellbraun backen, herausheben und auf einer Platte warm stellen. Restlichen Teig ebenso backen.

3 Die gebackenen Pfannkuchen mit zwei Gabeln in Stücke reißen. Den Wok auswischen, Butter bei mittlerer Hitze im Wok aufschäumen. 10 g Zucker zugeben und leicht karamellisieren lassen. Die Schmarrenstücke darin unter Rühren sorgfältig 2–3 Min. wenden. Mit Puderzucker bestäubt anrichten. Dazu passt Apfel- oder Birnenkompott.

Beim Schlagen von Eischnee Zucker nach und nach zugeben. Er hat die richtige Konsistenz, wenn Spitzen stehen bleiben.

Zum Wenden den Pfannkuchen auf einen großen Pfannenwender gleiten lassen, anheben und schwungvoll umdrehen.

Die Schmarrenstücke einige Minuten in der leicht karamellisierten Butter-Zucker-Mischung wenden.

Zwetschgen in Bierteig

Ein tolles Dessert für den Spätsommer! Aromatische Zwetschgen werden in einem Teig mit **dunklem Hefeweißbier** gebacken und anschließend in **Zimtzucker** gewälzt.

ZUBEREITUNGSZEIT: CA. 40 MIN.
PRO PORTION: CA. 515 KCAL
FÜR 4 PERSONEN

240 g Mehl | 2 Eigelbe
250 ml dunkles Hefeweißbier
Salz | 500 g reife Zwetschgen
70 g feiner Zucker
1 l Pflanzenöl zum Frittieren
3 TL Zimtpulver
4 große Kugeln Sahneeis
Zitronenmelisse zum Garnieren

1 200 g Mehl in eine Schüssel sieben, mit den Eigelben, Bier und 1 Prise Salz verrühren. Beiseite stellen. Zwetschgen waschen und trocknen. Zwetschgen längs einschneiden, entsteinen und aufklappen.

2 Je 40 g Mehl und Zucker auf einem flachen Teller mischen. 2 EL Öl unter den Teig rühren, restliches Öl in einem Wok oder in der Fritteuse auf 160 °C erhitzen. Die Zwetschgen portionsweise erst in der Mehl-Zucker-Mischung wenden und diese etwas andrücken. Die Zwetschgen anschließend durch den Bierteig ziehen und im heißen Öl goldbraun ausbacken. Die Früchte mit einem Schaumlöffel herausheben und auf Küchenpapier entfetten.

3 30 g Zucker und den Zimt auf einem Teller mischen, Zwetschgen darin wälzen und mit Sahneeis und Zitronenmelisse anrichten.

Spanischer Flan aus dem Ofen

Nachtisch für viele: Flan kennen Sie vielleicht von Ihrem letzten Spanienurlaub. Hier werden Milch, Eier und Malagawein in einer Kastenkuchenform im Backofen pochiert.

ZUBEREITUNGSZEIT: CA. 2 STD. 15 MIN.
(DAVON REINE ARBEITSZEIT: 25 MIN.)
KÜHLZEIT: ÜBER NACHT
PRO PORTION: CA. 225 KCAL
FÜR 10 PERSONEN

240 g Zucker
1 Vanilleschote
500 ml Milch
125 g Sahne
3 Eier | 6 Eigelbe
125 ml Malagawein (oder Sherry Cream)

1 Backofen auf 150 °C (Umluft nicht empfehlenswert) vorheizen, eine Kastenform (2 l Inhalt) darin 5 Min. erwärmen. 200 g Zucker in einen Topf mit schwerem Boden häufen und ohne zu rühren erhitzen, bis der Zucker am Rand anfängt zu schmelzen. Jetzt ständig mit einem Holzlöffel vom Rand her rühren, bis der Zucker goldbraun karamellisiert ist. Karamell in die warme Form gießen und diese so drehen, dass auch die Ränder mit Karamell überzogen sind.

2 Die Vanilleschote längs aufschlitzen und das Mark herauskratzen. Vanilleschote, -mark, Milch und Sahne aufkochen und 5 Min. auf der ausgeschalteten Kochstelle ziehen lassen. Restlichen Zucker, Eier, Eigelbe und Malagawein mit einem Rührlöffel in einer Schüssel verrühren. Milchmischung wieder aufkochen, Vanilleschote entfernen und die kochend heiße Milch nach und nach unter die Eigelb-Wein-Mischung rühren. Durch ein feines Sieb in die Kastenform gießen.

3 Kastenform in die Fettpfanne des heißen Backofens (unten) stellen. So viel heißes Wasser zugießen, dass die Form zwei Finger hoch im Wasserbad steht. Flan 1 Std. 45 Min. pochieren, dabei nach 1 Std. die Form mit Backpapier abdecken.

4 Ein sauberes Messer in den Flan stechen und wieder herausziehen. Bleibt das Messer blank, ist der Flan gar. Anderenfalls weitere 10 Min. pochieren. Flan am besten über Nacht abkühlen lassen.

5 Die Kastenform kurz in heißes Wasser stellen, Flan durch leichten Druck mit dem Finger auf die Oberfläche vom Rand der Form lösen und auf eine Platte stürzen.

GARVARIANTE: GEDÄMPFTER FLAN
100 g Zucker wie oben goldbraun karamellisieren. Karamell in sechs Förmchen (à 150 ml Inhalt) verteilen. 1 Päckchen Vanillezucker, 250 g Sahne und 200 ml Milch aufkochen und wie beschrieben ziehen lassen. 4 Eigelbe in einer Schüssel verrühren. Sahnemischung wieder aufkochen, wie beschrieben unter die Eigelbe rühren. In die Förmchen gießen. Förmchen nebeneinander in einen passenden Dämpfeinsatz stellen. Zugedeckt über kochendem Wasser 30 Min. dämpfen. Wie beschrieben die Garprobe machen, den Flan mindestens 8 Std. abkühlen lassen, wie oben stürzen.

Eine **zuckersüße Lektion** *Küchenchemie: Splitterharter Karamell verwandelt sich im Backofen in goldgelben Sirup, der die fluffige Eiercreme* **zart umschmeichelt.** *Wen kümmert's da noch, ob der Dessertklassiker nun* **aus Spanien oder** *Frankreich kommt – das Ergebnis zählt!*

Sie brauchen kein Sternekoch *zu sein, um eine Orange zu filetieren: Etwas Sorgfalt, ein kleines bisschen Mut, ein richtig scharfes Messer – und Sie haben* Orange in Bestform. *Nur noch zu toppen in der Kombination* mit Schokolade!

Gestürzter Schokoladengrießpudding mit Orangensalat

Grießpudding weckt Kindheitserinnerungen! Probieren Sie diese Puddingvariante mit Edelbitterschokolade, die von einem Orangensalat mit bitterer Orangenmarmelade begleitet wird.

ZUBEREITUNGSZEIT: CA. 45 MIN.
KÜHLZEIT: 4 STD.
PRO PORTION: CA. 315 KCAL
FÜR 4 PERSONEN

400 ml Milch | Salz
50 g Weichweizengrieß
1 Eiweiß
25 g Zucker
100 g Edelbitterschokolade
5 Orangen
2–3 EL bittere Orangenmarmelade mit Schale (»fine cut«)

1 Die Milch mit etwas Salz aufkochen, die Hitze reduzieren und den Grieß unter Rühren einstreuen. Bei kleinster Hitze unter gelegentlichem Rühren 10 Min. quellen lassen.

2 Inzwischen das Eiweiß mit den Quirlen des Handrührers anschlagen. Zucker einrieseln lassen und weiterschlagen, bis das Eiweiß steif ist, kalt stellen. Schokolade in der Verpackung in kleine Stücke brechen, zum Grieß geben und unter Rühren darin schmelzen lassen. Eischnee unterheben. Den Schokoladen-Grieß in vier kalt ausgespülte Formen (à 150 ml Inhalt) geben und abgedeckt für 4 Std. kalt stellen.

3 Mit einem scharfen Messer von 4 Orangen oben und unten eine dicke Scheibe abschneiden, die Früchte auf die Schnittfläche stellen. Anschließend mit einem scharfen Messer jeweils die Schale von oben nach unten so abschneiden, dass die bittere weiße Innenhaut mitentfernt wird. Orangen jeweils in die Hand nehmen und die Orangenfilets zwischen den Trennhäuten herausschneiden. Saft dabei auffangen und die verbliebenen Häute kräftig ausdrücken.

4 Die übrige Orange auspressen. 250 ml Saft abmessen und bei starker Hitze auf 100 ml einkochen lassen. Mit der Orangenmarmelade verrühren und abkühlen lassen. Die Orangenfilets hineingeben und darin bis zum Servieren marinieren.

5 Den Pudding mit einem kleinen Messer vom Förmchenrand lösen, auf einen Teller stürzen und mit dem Orangensalat anrichten.

Dampfapfel mit Ingwer-Marzipan-Füllung

Herrlich saftig ist dieser in Cidre gedämpfte »Bratapfel« aus dem Backofen. Servieren Sie ihn mit der Folie, so hat jeder Gast sein eigenes Päckchen, das vor Aroma strotzt.

ZUBEREITUNGSZEIT: CA. 1 STD.
PRO PORTION: CA. 400 KCAL
FÜR 4 PERSONEN

4 säuerliche Äpfel
1 EL Zitronensaft
60 g kandierter Ingwer
150 g Marzipanrohmasse
20 g gehackte Pistazienkerne
2 EL Calvados
20 g weiche Butter
12 EL Cidre (oder Weißwein)

1 Kerngehäuse aus den Äpfeln mit einem Apfelausstecher entfernen, dabei die Aushöhlung etwas vergrößern. Die Aushöhlung mit Zitronensaft einreiben.

2 Den Backofen auf 200 °C vorheizen. Den Ingwer mit einem großen Messer fein hacken. Marzipanrohmasse verkneten. Nacheinander Ingwer, Pistazien und Calvados unterkneten. Masse in die Äpfel füllen, restliche Masse auf die obere Öffnung setzen.

3 Vier Stücke Alufolie (30 x 30 cm) mit Butter bestreichen. Je 1 Apfel in die Mitte eines Aluquadrates setzen und die Folie etwas aufbiegen. Über jeden Apfel 3 EL Cidre geben. Nun die Alufolie über dem Apfel fest verschließen, dabei so viel Luft wie möglich mit einpacken.

4 Die Äpfel im Backofen auf dem Rost (unten, 180 °C Umluft) in 35–40 Min. weich dämpfen.

GARVARIANTE: IM TEIGMANTEL GEDÄMPFTE ÄPFEL
Die Äpfel können Sie auch in Blätterteig backen. Vier Scheiben aufgetauten TK-Blätterteig (à 90 g) auf wenig Mehl von der Breitseite aus quadratisch ausrollen. Jeweils einen gefüllten Apfel in die Mitte setzen (Cidre hier weglassen), Teigränder mit einer Mischung aus 1 Eigelb und 2 EL Milch bestreichen, über dem Apfel hochziehen und fest zusammendrücken. Auf einem mit Backpapier ausgelegten Blech im auf 200 °C (180 °C Umluft) vorgeheizten Backofen (Mitte) 45 Min. backen. Mit Puderzucker bestäubt servieren.

Apfel, Nuss – und Pistazienkern: Auch in Sachen Bratapfel hat sich Einiges getan. Durch das Garen in der Hülle können die exotischen Zutaten ihren ganzen ***Würzzauber entfalten.*** *Der wirkt auch mit der guten alten Vanillesauce* ***winterwärmend …***

NACHSCHLAG

Finden Sie hier die vorne ausführlich erläuterten **Gartechniken** nochmals kurz vorgestellt, außerdem wichtige **Ausdrücke** aus der Küchenpraxis und ungewöhnliche **Rezeptzutaten.** Dabei erhebt dieses kleine Küchenlexikon natürlich keinen Anspruch auf Vollständigkeit.

ABBAUVERLUSTE. Verluste v. a. von Vitaminen und sekundären Pflanzenstoffen bei der Zubereitung – durch chemische oder physikalische Prozesse (z. B. Hitze).

ABDÄMPFEN. Abgegossenes gekochtes Gemüse (v. a. Kartoffeln) im heißen Kochtopf auf der ausgeschalteten Kochstelle oder im Backofen unter gelegentlichem Schwenken oberflächlich trocknen.

ABLÖSCHEN. Angebratenes (z. B. Knochen, Gemüse) mit Flüssigkeit übergießen, um den Bratvorgang zu stoppen und Röststoffe in der Flüssigkeit zu lösen.

ABSCHRECKEN. Ein kochend heißes Lebensmittel in (eis-)kaltes Wasser legen oder es damit übergießen. Das unterbricht den Garprozess, und bei blanchiertem Gemüse bleiben Farbstoffe erhalten. In der Schale gekochte Eier lassen sich nach dem Abschrecken außerdem einfacher schälen.

ABSCHÄUMEN. Brühen, Suppen oder Fonds nach dem ersten Aufkochen mit Hilfe eines flachen Schaumlöffels von aufgestiegenen Trübstoffen befreien. Auch wichtig beim Kochen von Konfitüre.

»AL CARTOCCIO«. siehe »en papillote«

ANBRATEN. Fleisch in sehr heißem Fett rundherum kurz braten, so dass das Eiweiß in den Randschichten gerinnt und sich eine Kruste bildet. Verhindert, dass der wertvolle Fleischsaft austritt.

ANDÜNSTEN. Vornehmlich Gemüse in mäßig heißem Fett unter Rühren erhitzen, bis es vollständig von Fett überzogen ist. Das Andünsten geschieht von Anfang an bei milder Hitze, damit es nicht zu einem Anbraten wird.

AUFKOCHEN (ANKOCHEN). Eine große Menge wässriger Flüssigkeit bei starker Hitze bis zum Siedepunkt erhitzen, d. h. bis sie sprudelnd kocht. Dann kann man die Hitze reduzieren, so dass die Flüssigkeit lediglich fortkocht. Denn Wasser wird nicht heißer als 100 °C, sondern beginnt ab dieser Temperatur zu verdampfen.

AUSBACKEN. siehe Frittieren

AUSBRATEN ODER AUSLASSEN. Speck oder Haut mit viel Unterhautfett (z. B. von Entenbrust) im heißen Kochgeschirr bei mittlerer bis starker Hitze braten, bis er/sie goldgelb ist und das Fett austritt. Das ausgetretene Fett kann zum Braten weiterverwendet werden.

AUSLAUGVERLUSTE. Verluste von Nährstoffen, Vitaminen, Mineralstoffen, sekundären Pflanzenstoffen dadurch, dass diese durch die Garflüssigkeit aus dem Lebensmittel herausgelöst werden. Kommen aus ernährungsphysiologischer Sicht nicht zum Tragen, wenn die Garflüssigkeit z. B. als Sauce mitverzehrt wird.

BARDIEREN. Mageres Fleisch oder mageren Fisch vor dem Braten mit Scheiben von geräuchertem oder grünem Speck belegen bzw. umwickeln. Schützt das Fleisch vor dem Austrocknen während des Bratens, der Speck gibt zusätzlich Aroma. Damit die Fleischoberfläche bräunen kann, kurz vor Ende der Garzeit entfernen.

BLANCHIEREN. Kurzes Vorgaren von Lebensmitteln in reichlich sprudelnd kochendem (wallendem) Wasser, danach sofortiges Abschrecken in (eis-)kaltem Wasser. Hierdurch werden zum einen unerwünschte Geschmacksstoffe und Verunreinigungen entfernt, zum anderen Zellstrukturen gelockert, so dass sich z. B. Früchte einfacher häuten lassen.

BINDEN (ANDICKEN). Flüssigkeiten durch Zugabe von Bindemitteln sämig (dickflüssig) machen. Dazu kann mit Wasser angerührtes Mehl oder Speisestärke, kalte Butter oder mit Butter verknetetes Mehl (Mehlbutter), heller/dunkler Saucenbinder, verschlagenes Eigelb oder fette Sahne verwendet werden. Um das Bindemittel gleichmäßig zu verteilen und damit sich keine Klümpchen bilden, am besten mit einem Rührbesen einrühren.

BRATEN. Trockenes Verfahren zum Garen und Bräunen von Lebensmitteln in wenig Fett im offenen Gefäß, z. B. in Pfanne oder Wok auf dem Herd (= Kurzbraten) oder im Backofen. Der Wärmeaustausch findet hierbei über direkten Kontakt, heißes Fett und trockene Luft statt.

CAPRESE (ITAL.). Bedeutet übersetzt »von Capri« und bezeichnet einen Sommersalat, den jeder kennt: reife Tomaten mit (Büffel-)Mozzarella, Basilikum und kaltgepresstem Olivenöl.

CHAMPAGNERLINSEN. Kleine rötlichbraune Linse aus der französischen Region Champagne. Kann ersetzt werden durch andere kleinfrüchtige Linsen (z. B. braune Berglinsen oder schwarze Belugalinsen).

CHORIZO. Spanische Rohwurstspezialität: feste, grobkörnige und würzigscharfe Paprikasalami, meist aus Schweinefleisch. Geräuchertes oder rosenscharfes Paprikapulver gibt ihr die rote Farbe und ihren unverwechselbaren Geschmack. In Scheiben geschnitten kann sie roh oder gebraten gegessen werden. Ersatz: Cabanossi.

COUSCOUS. Arabisches Grundnahrungsmittel aus Hartweizengrieß. Traditionell wird der Grieß mit Wasser befeuchtet und zwischen den Handflächen gerieben, bis sich kleine Kügelchen bilden. Anschließend werden die gesiebten Körner in einem doppelstöckigen Topf (»couscousière«) über einem Fleisch- oder Gemüsegericht gedämpft. Heute wird Couscous gewöhnlich industriell fertig gegart, wieder getrocknet und kommt so in den Handel.

DAMPFDRUCKGAREN. Garen in einem Dampfdrucktopf (Schnellkochtopf) bei Temperaturen oberhalb des Siedepunkts von Wasser. Zeit- und energiesparende Zubereitungstechnik, nährstoffschonend und geschmacksintensivierend.

DÄMPFEN. Geschlossenes Garen von Lebensmitteln im Dämpfeinsatz in kochend heißem Wasserdampf über siedender Flüssigkeit. Das Dämpfgut wird dabei vom Dampf umspielt. Da Kochsalz nicht durch Dampf auf Lebensmittel übertragen wird, immer das Dämpfgut und nicht die Flüssigkeit salzen.

DÜNSTEN. Garen von Gemüse, Fleisch oder Fisch in wenig eigener oder zugegebener Flüssigkeit und Wasserdampf mit oder ohne Zugabe von Fett bei kleiner Hitze. Gedünstet wird in einem geschlossenen Gefäß, damit entstehender Wasserdampf am Deckel kondensieren und zurücktropfen kann.

»EN PAPILLOTE« (FRZ.). Entspricht dem italienischem »al cartoccio«. Dünsten in Päckchen aus Alufolie, Backpapier oder Pergament. Sehr attraktive Zubereitungsart: Jeder Gast erhält sein eigenes kleines Paket und öffnet dieses erst am Tisch. Dadurch kommt er in den besonderen Genuss besten Aromas.

EISWASSER. Sehr kaltes Wasser zum Abschrecken von blanchiertem Gemüse. Wird aus kühlschrankkaltem Wasser entweder mit zugesetzten Eiswürfeln oder mit einem gefrorenen Kühlaggregat bereitet.

FRITTIEREN (AUSBACKEN). Gleichmäßiges Bräunen und Garen in einer großen Menge flüssigem Fett (Frittüre). Frittieren zählt zu den trockenen Gartechniken und die hierbei erreichten Temperaturen von 140–190 °C sind um einiges höher als bei den feuchten Gartechniken. Frittiert wird am besten in einer Fritteuse mit Thermostat. Es eignet sich aber auch ein Wok oder ein hoher Topf, dann sollte die Temperatur mit einem Fettthermometer kontrolliert werden.

GARAM MASALA. Indische Gewürzmischung von warm-scharfem Aroma, deren Hauptkomponenten meist Pfeffer, Kardamom, Gewürznelken und Zimt sind.

GAREN. Der Begriff fasst alle Zubereitungsmethoden (Gartechniken) zusammen, die Lebensmittel (Gargut) durch das Erhitzen in einen genussfähigen Zustand bringen. Die bei den unterschiedlichen Gartechniken auf das Lebensmittel übertragene Wärme bewirkt eine Gewebelockerung, enthaltenes Eiweiß gerinnt, Stärke verkleistert. Hierdurch werden die Lebensmittel für den Menschen besser verdaulich. Schließlich kommt es beim Garen zu einer Geschmacksveränderung, in vielen Fällen auch zu einer Geschmacksverbesserung. Manche Lebensmittel werden durch das Garen erst genießbar (z. B. Fleisch, Fisch, Kartoffeln, Hülsenfrüchte).

GARTECHNIKEN, FEUCHTE. Hierzu zählen alle Garmethoden, bei denen während des Garens Feuchtigkeit vorhanden ist, also Kochen, Pochieren, Dämpfen und Dünsten. Die Temperatur ist hierbei mit Ausnahme des Dampfdruckgarens auf 100 °C (Siedepunkt von Wasser) begrenzt.

GARTECHNIKEN, TROCKENE. Hier wird die Wärme ohne Feuchtigkeit, sondern durch direkten Kontakt, Strahlung, heißes Fett oder heiße Luft auf das zu garende Lebensmittel übertragen. Dazu zählen Braten, Grillen und Frittieren. Hierbei werden viel höhere Temperaturen erreicht als bei den feuchten Verfahren, und es bildet sich eine schützende, schmackhafte Kruste.

GARZIEHEN LASSEN. siehe Pochieren

GRATINIEREN. Beim Gratinieren (bzw. Überbacken) handelt es sich um keine eigenständige Garmethode, sondern um eine besondere Form der Fertigstellung von bereits gegarten Speisen. Diese werden starker Oberhitze ausgesetzt, so dass die Oberfläche appetitlich bräunt.

GRILLEN. Bei dieser trockenen Gartechnik wird die Wärme mittels Strahlung (z. B. im Backofen, auf dem Holzkohle-, Gas- oder Elektrogrill) oder Kontakt, etwa in der Grillbratpfanne, übertragen. Es werden Temperaturen bis ca. 350 °C erreicht.

HARISSA. Sehr scharfe rote Sauce, die ursprünglich aus Tunesien stammt und v. a. als Beigabe zum Couscous gereicht wird. Harissa besteht hauptsächlich aus Chili, Kreuzkümmel, Koriander, Knoblauch, Salz und Olivenöl. Die Sauce gibt es in kleinen Tuben oder Gläsern in türkischen oder arabischen Lebensmittelgeschäften.

JULIENNE. In feine, streichholzartige Streifen geschnittenes Gemüse, das dadurch eine besonders kurze Garzeit hat und z. B. als Suppen- oder Sauceneinlage verwendet werden kann.

KARAMELLISIEREN. Trockenes Erhitzen von Zucker, wobei er zu Karamell wird: Zucker in einem unbeschichteten Topf glatt streichen, bei mittlerer Hitze ohne zu rühren schmelzen. Dann vorsichtig rühren und bis zur gewünschten Färbung kochen. Aufpassen, dass der Karamell nicht zu dunkel und damit bitter wird. Der Karamell dunkelt noch im von der Kochstelle genommenen Topf nach. Darum den Topf am besten in kaltes Wasser stellen, um den Bräunungsprozess zu unterbrechen.

KOCHEN. Allgemein: Garen von Lebensmitteln unter Hitzeeinwirkung. Speziell: »Sieden«: Garen in großer Menge siedender Flüssigkeit bei Temperaturen um 100 °C (Siedepunkt von Wasser). Bei dieser Temperatur wechselt Wasser seinen Aggregatzustand und beginnt zu verdampfen, darum steigen kleine Luftblasen vom Topfboden, wo die Hitze am größten ist, an die Wasseroberfläche auf.

MARINIEREN. Einlegen von Fleisch, Fisch oder Gemüse in eine Würzflüssigkeit (Marinade) aus Wein, Essig oder Zitronensaft, Öl, Kräutern und Gewürzen. Aromastoffe aus der Marinade gehen in die Lebensmittel über und verfeinern oder verändern deren Geschmack. Fleisch wird durch das Marinieren zarter.

MEHLIEREN. Oberflächen von trockenen Lebensmitteln in Mehl wenden, um sie anschließend zu panieren und zu braten oder zu frittieren.

MIRIN. Die japanische Reisweinspezialität hat im Gegensatz zu Sake einen geringeren Alkoholgehalt und schmeckt sehr viel süßer, da er nur teilweise vergoren ist. Mirin wird nur zum Kochen, nicht als Getränk verwendet. Ersatz: süßer Sherry.

NIEDERTEMPERATURGAREN. Trockene lang dauernde Gartechnik, die hauptsächlich bei Fleisch angewendet wird: Das zimmerwarme gewürzte Fleisch wird rundherum angebraten und dann auf einer vorgewärmten Platte bei 80–100 °C im Backofen fertig gegart. Während der langen Garzeit zirkuliert der Fleischsaft im Braten und verteilt sich gleichmäßig, was ihn zart und saftig werden lässt.

PANCETTA. Italienischer Bauchspeck vom Schwein, der besonders mild, aromatisch und zart ist. Pancetta wird regional unterschiedlich mit Kräutern wie Rosmarin und Salbei gewürzt, gesalzen und luftgetrocknet, gelegentlich auch leicht geräuchert. Ersatz: durchwachsener Speck.

PANIEREN. Gemüse, Obst, Fisch oder Fleisch einhüllen, z. B. in Ausbackteig oder einer Panierung aus Mehl, verkleppertem Ei und Semmelbröseln. Panierte Lebensmittel bleiben beim Braten innen saftig, die Umhüllung wird appetitlich knusprig. Tipp: Nicht im Voraus panieren, sonst kann die Panierung aufweichen und sich beim Garen ablösen.

PASSIEREN. Eine Suppe oder Sauce durch ein feines Sieb gießen, streichen oder drücken, um sie glatt zu machen. Sollen grobe oder geronnene Bestandteile aus einer Brühe entfernt werden, wird das Sieb mit einem feuchten Passiertuch (z. B. einer Stoffwindel) ausgelegt.

PFANNENRÜHREN. Trockenes Garverfahren aus China, bei dem im Wok gearbeitet wird. Hierbei müssen alle Zutaten in relativ gleich große Stücke geschnitten werden. Anschließend werden sie portionsweise in der Reihenfolge ihrer Garzeit in wenig Öl bei sehr großer Hitze unter ständiger Bewegung (Rühren) gebraten. Fertig Gegartes wird an die Seitenwände des Woks geschoben.

PIE. Englische »Schüsselpastete«, sinngemäß gefülllter Kuchen. Die Füllung aus Fleisch, Fisch, Gemüse oder Obst ist dabei eher mit Teig bedeckt als davon umgeben.

PLATTIEREN. Um zu verhindern, dass sich die Bindegewebsfasern beim Garen verkürzen, werden Fleischstücke plattiert. Hierbei werden die Fasern gestaucht und das umgebende Bindegewebe zerrissen. Dicke Fleischstücke wie z. B. Filetsteaks werden mit dem Handballen etwas breiter gedrückt. Dünne Scheiben wie Schnitzel oder Rouladen werden zwischen Folie mit einem Plattiereisen flach geklopft.

POCHIEREN (GARZIEHEN). Langsames, schonendes Garen in Flüssigkeit bei etwa 70–95 °C. Pochieren eignet sich besonders für Lebensmittel mit lockerer Struktur. Da die Wassertemperatur unter dem Siedepunkt gehalten wird, kommt es nicht zum Wallen und das Abkochen der äußeren Schichten wird verhindert. Pochiert wird entweder direkt in viel Flüssigkeit (z. B. pochiertes Ei) oder in Formen (z. B. Eierstich) in wenig Flüssigkeit.

POÊLIEREN. Feuchtes Garverfahren für zartes Fleisch; steht zwischen Dünsten und Schmoren. Es findet zu zwei Dritteln im geschlossen Geschirr im Backofen statt, während der restlichen Garzeit wird offen weitergegart und gebräunt. Kleinere Stücke werden auf dem Herd poêliert.

PULBIBER. Die scharfe türkische Gewürzmischung ist v. a. vom Döner bekannt und besteht aus getrockneter roter Paprika, Chili, Salz und Gewürzen. Ersatz: geschrotete Chilischoten.

REDUZIEREN. Einkochen von Bratensaft, Fond oder anderer Flüssigkeit. Es wird bei starker Hitze Wasser verdampft, somit die Konsistenz verdichtet (»konzentriert«) und der Geschmack intensiviert.

RÖSTEN. Starkes direktes Erhitzen von Lebensmitteln (z. B. Zwiebeln, Samen, Nüssen) ohne Flüssigkeit oder Fett; auch Braten auf dem Rost (z. B. Sonntagsbraten, Brot). Das Röstgut bräunt dabei, und es entwickeln sich Aromastoffe.

SABAYON. Auf einem Wasserbad schaumig aufgeschlagene süße oder pikante Sauce aus Wein, Eigelb und Würzzutaten.

SCHMARR(E)N. Österreichische Süßspeisenspezialität: ein luftiger Eierkuchen, der in der Pfanne hellbraun gebraten, anschließend mit zwei Gabeln zerrissen und fertig gebraten wird.

SCHMOREN. Garen durch Anbraten (Bräunen) und anschließendes Weitergaren in siedender Flüssigkeit im geschlossenen Geschirr. Schmoren ist damit ein Kombinationsverfahren von trockenen und feuchten Garmethoden. Es kann im Backofen oder auf dem Herd stattfinden.

SIEDEN. siehe Kochen

SIMMERN. Garen in aufgekochter Flüssigkeit, die knapp unter dem Siedepunkt gehalten wird, so dass sie nicht wallend kocht, d. h. keine Blasen aufsteigen.

STEAK. Ein Steak im engeren Sinne ist eine 2–6 cm dicke, sehnenfreie saftige Fleischscheibe vom Rind. Auch Stücke vom Kalb und Schwein sowie vom Geflügel (Pute, Strauß) werden unter der Bezeichnung Steak angeboten.

Gargrade von Rindersteaks.

Rare, bleu, stark blutig: 45–47 °C Kerntemperatur, blutiges Fleisch, Fleischsaft dunkelrot. Beim Daraufdrücken ist kein Widerstand spürbar.

Medium rare, saignant, blutig: 50–52 °C Kerntemperatur, Fleisch mittig blutig, rötlicher Fleischsaft (Bild oben). Fleisch fühlt sich beim Daraufdrücken elastisch an.
Medium, à point, mittel- oder halbdurch: 60 °C Kerntemperatur, Fleisch mit rosa Kern, rosafarbener Fleischsaft. Beim Daraufdrücken Widerstand spürbar.

Well done, bien cuit, ganz durch: Kerntemperatur höher als 70 °C, Fleisch durchgebraten, Fleischsaft hell und klar (Bild oben). Fleisch fühlt sich fest an.

TAJINE (TAGINE). Nordafrikanisches rundes Schmorgefäß aus gebranntem Ton, in dem Gemüse ähnlich wie im Römertopf schmort. Die Tajine hat einen konischen Deckel und wird auf ein Holzkohlefeuer gestellt. Der Ausdruck bezeichnet sowohl das Gefäß als auch Gerichte, die in der Tajine zubereitet und serviert werden.

TRANCHIEREN. Rohe Lebensmittel wie Fleisch oder Fisch mit einem scharfen Messer quer zur Faser in Scheiben (Tranchen) schneiden. Um einen sauberen Schnitt zu erhalten, wird dabei das Messer durch das Lebensmittel gezogen, nicht gedrückt. Auch: Gegartes wie z. B. Geflügel oder Braten in Portionsstücke zerlegen und anrichten. Dafür wird am besten ein so genanntes Tranchierbesteck (Fleischgabel und Messer) oder eine Geflügelschere benutzt.

ÜBERBACKEN. siehe Gratinieren

VERKLEPPERN. Aufgeschlagene Eier auf einem Teller mit einer Gabel oder einem Tellerbesen verschlagen.

YUFKA. Türkische Teigspezialität, ähnlich einem Strudel- oder Blätterteig, bestehend aus Mehl, Öl, Wasser und Salz. Fertige Yufka-Teigblätter sind in türkischen Lebensmittelgeschäften erhältlich.

ZESTE. Dünn abgeschältes Stück der Außenhaut von Zitrusfrüchten, welches aromatische Öle enthält. Dafür wird am besten ein dünn schneidender Sparschäler, für Fäden ein Zestenreißer benutzt.

KÜCHENGERÄTE, KÜCHENZUBEHÖR UND ZUTATEN ONLINE BESTELLEN:

Cuisipro (über Lurch)

www.lurch.de

Funktionelle manuelle Küchengeräte, u. a. superscharfe Küchenreiben, Küchenzange

Cucinaria

Straßenbahnring 12, 20251 Hamburg
www.cucinaria.de

Umfassende Auswahl an hochwertigen Küchengeräten, Küchenaccessoires und Küchenzubehör

Hobbybäckerversand

Am Mühlholz 6, 89287 Bellenberg
www.hobbybaecker.de

Spezial-Versandhaus nicht nur für Hobbybäcker: Zutaten, Formen, Geräte

Tupperware Deutschland

Postfach 93 01 20, 60456 Frankfurt
www.tupperware.de

Nützliche, formschöne und innovative Küchenhelfer aus Spezialkunststoff

Violas Gewürze & Delikatessen

Eppendorfer Baum 43, 20249 Hamburg
www.violas.de

Internationale Gewürze/Gewürzmischungen, Delikatessen, Essig und Öl und mehr

Ob Sie das **Gästeessen** unter ein Ländermotto stellen oder ein vegetarisches Menü **servieren** möchten – hier finden Sie Zusammenstellungen, für die Sie bei jedem Speisengang eine andere **Zubereitungsmethode** anwenden.

ITALIENISCHES MENÜ

- Gemüse-Antipasti (S. 72)
- Lombardischer Rinderschmorbraten mit Thymianpolenta (S. 168)
- In Kaffee pochierte Birnen (S. 191) oder Gratin von roten Sommerbeeren (S. 189)

ASIATISCHES MENÜ

- Rote-Beten-Kokos-Suppe (S. 92)
- Ofengedämpfter Saibling mit Wokgemüse (S. 151)
- Mohnschmarren aus dem Wok (S. 192)

VEGETARISCHES MENÜ

- Frittierte Zucchinistreifen (S. 131)
- Kartoffelcurry mit Tomaten und Spinat (S. 129)
- Gestürzter Schokoladengrießpudding mit Orangensalat (S. 197) oder Gegrillte Birnen mit Käse (S. 191)

ALPINES MENÜ

- Bandnudelsalat mit Pfifferlingen, Speck und Mohn (S. 78)
- Gepökelter Schweinekrustenbraten (S. 171), dazu: Brezelknödel (S. 64)
- Zwetschgen in Bierteig (S. 193)

GÄSTE-MENÜ

- Brühe vom Kalbstafelspitz, serviert in Kaffeetassen (S. 172)
- Feine Bandnudeln al cartoccio (S. 107)
- Pochierter Kalbstafelspitz mit Gemüse und Kräutersauce (S. 172)
- Gegrillte Birnen mit Käse (S. 191)

SOMMER-MENÜ

- Salade niçoise mit gegrilltem Tunfisch (S. 71)
- Zucchininudeln (S. 131)
- Seeteufel im Speck-Salbei-Mantel mit Kapern-Tomaten (S. 159)
- Gratin von roten Sommerbeeren (S. 189)

WINTER-MENÜ

- Kartoffel-Pastinaken-Cremesuppe mit Feldsalat (S. 86)
- Soufflékartoffeln mit Räucherlachsfüllung (S. 128)
- Gebratene Entenbrust mit Granatapfelsauce (S. 180)
- Dampfapfel mit Ingwer-Marzipan-Füllung (S. 198)

LEICHTES MENÜ

- Spaghetti mit ofengebratenen Tomaten (S. 105 – 200 g Nudeln, ohne Pecorino)
- Pochierte Hähnchenbrust auf Gurkennudeln (S. 182)
- Im Vanillesud gekochte Birnenviertel (S. 190)

ARABISCHES MENÜ

- Auberginendip (S. 101)
- Jemenitischer Reistopf mit Schwertfisch (S. 117)
- In Kaffee pochierte Birnen (S. 191)

MENÜ – GUT VORZUBEREITEN

- Kalte Kartoffel-Kokos-Suppe (S. 125)
- Sanft geschmorte Lammschulter (S. 178), dazu: Staudensellerie mit Tomaten und weißen Bohnen (S. 141)
- Spanischer Flan aus dem Ofen (S. 194)

Wein als Vollendung und harmonische Ergänzung der Speise – ein Leichtes bei der heutigen Vielzahl guter Tropfen. Lassen Sie sich mit den folgenden Kompositions-Vorschlägen ein auf eine Reise durch die Weinanbaugebiete.

LEICHTE, MEDITERRANE SPEISEN wie beispielsweise Gebratene Auberginen mit Tomaten-Rucola-Salat (S. 132), Gegrillte marinierte Zucchini (S. 130) oder Spaghetti mit ofengebratenen Tomaten (S. 105) verlangen nach einem leichteren Rotwein, etwa einem Bardolino, einem Teroldego Rotaliano aus dem Trentino oder einem ungarischen Kékfrankos. Probieren Sie auch einmal einen Roséwein aus Navarra oder aus den Abruzzen.

MIT WÜRZIG-MEDITERRANEN GERICHTEN wie beispielsweise Ofen-Ratatouille mit Knoblauch-Baguette (S. 138) und Yufkateigbeutelchen mit Lamm-Zucchini-Füllung (S. 95) korrespondieren ebenso würzig-aromatische, körperreiche Rotweine wie z. B. ein kalifornischer Zinfandel, ein Fitou (Frankreich) oder ein Cannonau di Sardegna.

FISCHGERICHTE wie etwa eine Fisch-Pie mit Püreekruste (S. 158) oder Pochierte Lachskoteletts (S. 153) serviert man mit einem feinen, vollmundigen Weißwein – etwa einem Chablis, einem elsässischen Chardonnay oder einem Riesling Kabinett von der Mosel. Zu pochiertem Petersfisch in Rotweinsauce (S. 157) hingegen passt ein Spätburgunder QbA von der Ahr oder aus Baden.

ZU CURRYGERICHTEN, wie z. B. zu einem grünen Linsencurry mit Knusperzwiebeln (S. 148) und zu Kartoffelcurry

mit Tomaten und Spinat (S. 129) können körperreiche Weißweine, etwa ein Chardonnay aus Übersee oder ein Marsanne (Côtes-du-Rhône), aber auch ein spanischer Rioja Crianza eingeschenkt werden.

WÜRZIGE ASIATISCHE SPEISEN, beispielsweise Gedämpfte Hähnchen-Reis-Bällchen (S. 118) und Hähnchenbrust mit Pilzen und Spargel (S. 137) fühlen sich in Begleitung eines halbtrockenen Riesling Qualitätsweines von der Mosel, eines Gelben Muskatellers aus Österreich oder eines norditalienischen Gewürztraminers wohl. Zu Bratreis mit mariniertem Rinderfilet (S. 120) empfiehlt sich dagegen eher ein herrlich kräftiger Roséwein aus der Provence.

DUNKLE FLEISCHGERICHTE harmonieren am besten mit eher gehaltvollen Rotweinen. So passen ein Chianti classico aus der Toskana, ein Barolo aus dem Piemont oder auch ein Cabernet Sauvignon aus Navarra ideal zu Rumpsteak (S. 176), Lombardischem Rinderschmorbraten mit Thymianpolenta (S. 168) und geschmorter Lammschulter (S. 178).
Zu einem pochierten Kalbstafelspitz mit Gemüse und Kräutersauce (S. 172) empfiehlt sich hingegen ein Grüner Veltliner aus der Wachau oder auch ein badischer Auxerrois QbA.

DESSERTS vertragen sich am besten mit edelsüßen Weinen. Zu einem Mohnschmarren aus dem Wok (S. 192) beispielsweise passt ein Rosenmuskateller aus Südtirol oder eine Riesling Beerenauslese von der Mosel. Ein Sherry Pedro Ximenez aus Andalusien oder ein Madeira Malmsey (Rebsorte Malyasia) sind natürlich ideale Begleiter zu spanischem Flan aus dem Ofen (S. 194), sie passen aber auch zum Dampfapfel mit Ingwer-Marzipan-Füllung (S. 198) oder zu einem Schokoladengrießpudding mit Orangensalat (S. 197).

Register

Die Kochmütze kennzeichnet den jeweiligen Begriff als Garmethode beziehungsweise Kochtechnik.

Fett kursiv: ausführlichere Informationen zu einer Garmethode bzw. eine konkrete Gar-Anleitung

Mager kursiv: Rezeptvariante bzw. Garvariante eines Rezepts

S

T

U/V

W

Y

Z

Impressum

DER AUTOR

Kay-Henner Menge ist Diplom-Oecotrophologe und hat sein Hobby zum Beruf gemacht. Nach dem Studium an der TU München-Weihenstephan zog er das Kochen der trockenen Analyse vor und arbeitete zunächst als Redakteur für einen namhaften Verlag. Anschließend entwickelte für das Frauenmagazin *Brigitte* Rezepte und übernahm das Foodstyling. Heute arbeitet er als Rezeptautor und Foodstylist in der Versuchsküche eines großen deutschen Foodmagazins und schreibt daneben Kochbücher zu verschiedenen Themen. Für das vorliegende Buch hat er sich seines Lieblingsthemas angenommen. Schon im Studium war er von den physikalischen und chemischen Vorgängen, die mit dem Zubereiten von Lebensmitteln einhergehen, besonders fasziniert.

FOTOGRAFIE UND STYLING

Essen ist Leidenschaft. Essen zu fotografieren, ist Kunst. Die foodartfactory macht mit Leidenschaft aus Essen Kunst. Der Fotograf **Klaus-Maria Einwanger** (links) und der Foodstylist **Michael Pannewitz** (rechts) haben ihre Passion vor Jahren in der Foodfotografie gefunden. Sie setzen Foodthemen in Lifestyle um und schaffen eine Atmosphäre, die Lust auf mehr macht. Die Bilder der foodartfactory für Verlage, Redaktionen und internationale Kunden entstehen im eigenen Studio oder an Locations weltweit. Ein herzliches Dankeschön geht an **Steffi Müller** (Styling) und **Lukas Nagele** (Assistenz).

Das Original mit Garantie

IHRE MEINUNG IST UNS WICHTIG. Deshalb möchten wir Ihre Kritik, gerne aber auch Ihr Lob erfahren, um als führender Ratgeberverlag für Sie noch besser zu werden. Darum: Schreiben Sie uns! Wir freuen uns auf Ihre Post und wünschen Ihnen viel Spaß mit Ihrem GU-Ratgeber.

UNSERE GARANTIE: Sollte ein GU-Ratgeber einmal einen Fehler enthalten, schicken Sie uns bitte das Buch mit einem kleinen Hinweis und der Quittung innerhalb von sechs Monaten nach dem Kauf zurück. Wir tauschen Ihnen den GU-Ratgeber gegen einen anderen zum gleichen oder einem ähnlichen Thema um.

GRÄFE UND UNZER VERLAG
Redaktion
Kochen & Verwöhnen
Postfach 86 03 25
81630 München
Fax: 089/41981-113
e-mail: leserservice@graefe-und-unzer.de

© 2006 GRÄFE UND UNZER VERLAG GmbH, München.
Alle Rechte vorbehalten. Nachdruck, auch auszugsweise, sowie Verbreitung durch Film, Funk, Fernsehen und Internet, durch fotomechanische Wiedergabe, Tonträger und Datenverarbeitungssysteme jeglicher Art nur mit schriftlicher Genehmigung des Verlags.

Programmleitung: Doris Birk

Konzept und Redaktion: Alessandra Redies

Lektorat: Claudia Lenz

Korrektorat: Waltraud Schmidt

Layout, Typographie und Umschlaggestaltung: Sandra Gramisci, independent Medien-Design, München

Herstellung: Petra Roth

Satz: Knipping Werbung GmbH, Berg/Starnberg

Reproduktion: Fotolito Longo, Bozen

Druck und Bindung: Printer, Trento

Bildnachweis: Teubner Foodfoto: S. 205; Autorenportrait: Aña Jung; alle anderen: foodartfactory OHG

ISBN-10 3-7742-8864-X
ISBN-13 978-3-7742-8864-5

Auflage	4.	3.	2.	1.
Jahr	09	08	07	2006

GRÄFE UND UNZER

Ein Unternehmen der
GANSKE VERLAGSGRUPPE